KB235544

□ J+B+M+P, Series 101

TV에 중독된 내 아이
어떻게 가르칠까

김 병 록 지음

경인문화사

이 책은 어린 자녀를 둔 부모님들의 TV시청교육을 위한 지침서이다. 구체적인 실천방안을 제시한 내용으로는 아마 우리나라에서 최초로 기록될 이 책은 그동안 TV시청교육의 필요성만을 강조했던 이론적 당위에 비해 매우 친절한 안내서라는 점에서 값지다.

우선 TV세대에 대한 분석과 이해를 위한 내용이 매우 쉽고, 재미있게 그려져 있다. 일상생활 속에서 이루어지는 TV시청과 관련된 여러 가지 문제점들을 하나하나 들추면서도 이를 모두 자신의 문제로 바라볼 수 있게 해 주기 때문이다. 그 만큼 이 책은 가정에서 부딪치고 있는 자녀 교육과 텔레비전의 문제에 대해 다각적으로 해결방안을 제시한 현안지침서에 가깝다.

어린이들이 TV를 더 좋아하는 이유를 비롯하여 TV를 통해 배우는 내용이 결코 현실의 그것과 같지 않다는 사실 등을 설명하면서 그런데도 어린이들은 이를 그대로 배우고 따라하기까지 한다는 점을 경고하고 있다. 심한 경우 신체적인 폐해나 가족관계 등에까지 영향을 미칠 수 있다는 우려도 그 근거나 사례와 함께 덧붙이고 있다.

여기에다가 청소년들이 새로 만들어 내고 있는 TV시청문화에 대한 진단이 곁들여져 있다. 예컨데 'TV스타에 열광하는 10대'를 비롯하여, 'TV범죄와 청소년', 'TV폭력과 청소년', 'TV광고와 청소년' 등이 오늘날 청소년 문화의 적극적 이해라는 관점에서 분석되고 있다. 물론 예시된 무게를 떨어뜨리지 않는 범위내에서 이 책에 담긴 글들은 대부분 매우 쉽고 편안하다는 일관성을 가지고 있다.

그리고는 TV시청문화를 바로 세우기 위한 가족단위의 실천방안을 매우 현실감있게 제시하고 있을 뿐 아니라 비디오와 케이블TV 등 각종 영상매체를 올바로 시청하는데 필요한 정보를 제공해 주고 있다. 여기에다가 신종매체로 떠오르고 있는 컴퓨터를 바로 이용하기 위한 요령을 첨부하였다.

이 책의 저자인 김병록 기자로부터 두툼한 원고뭉치를 받아들었을 때부터 어느 정도 예견은 했지만 읽어 내려갈수록 꼼꼼하고 자상하게 부모의 입장에서 내용을 채운 흔적이 역력했다. 그동안 공개된 어린이, 청소년의 TV시청행위나 영향에 대한 거의 모든 자료를 섭렵, 정리했을 뿐 아니라 자신이 취재하고 써온 관련 글들을 모아 이 책의 밑바탕이 되게 했기 때문이다.

따라서 이 책은 저자의 성실성과 치밀함이 낳은 열매인 셈이다.

오늘날 거의 모든 가정이 정도의 차이는 있지만 어린 자녀의 TV시청문제로 어려움을 겪고 있다. 그런데도 이에 대한 마땅한 해결책을 가지고 있는 가정은 사실상 흔치 않다. 속절없는 걱정과 일방적언 질책만이 있는 경우가 대부분이다.

이런 생활에서 가정에서의 올바른 TV시청교육을 실천하기 위한 요령을 담은 책의 출간은 여간 의미있고 반가운 일이 아닐 수 없다. 더욱이 '미디어 교육'에 관한 이론과 실천을 전공으로 하고 있는 필자의 입장에서도 이런 실천서가 발간되었다는 사실만으로도 값지다. 시청자운동의 현장에서부터 방송관련 전문잡지 기자로 일하는 지금까지 가까이서 지켜본 저자인 김병록 학형은 한결같이 논의의 축을 '시청자' 쪽에 두고 글을 써온 몇 안되는 기자 중에 하나이기 때문이다. 주로 '방송편'에서 글을 쓰고 시청자를 사로잡는 일에 관심을 가질 수밖에 없는 현실적 여건을 고려하면 이런 기자의 존재 자체가 우리들에게는 재산이 아닐수 없다고 생각해 온 터였기에 더욱 그렇다.

아무쪼록 이 책이 많은 가정의 TV시청교육 필독서로 읽혀질 뿐 아니라 미디어교육 연구자들에게 좋은 자극제가 되길 기대해 본다.

김기태
(동아방송대 교수, 방송평론가)

□ 저자 서문

　우리 집에 막 21개월된 꼬마가 있다. 이름은 휘영이라고 한참 말을 배우고, 그림책을 보여 주면 좋아하며, 집안보다는 놀이터에 나가서 놀기를 좋아하는 장난꾸러기 사내아이이다. 나와 아내는 휘영이를 키우면서 힘이 들어도 한편으로는 아이의 재롱에 시간 가는 줄 모르고 지냈다. 적어도 아이가 18개월이 될 때까지는 그랬다. 19개월째 들어서면서 우리 부부는 고민에 빠지게 되었다. 바로 TV 때문이었다.

　나와 아내는 무척 TV를 좋아한다. 나야 TV가 좋아 방송잡지 기자가 되어 일할 정도이니 이제는 직업상으로도 TV를 많이 보아야 하고, 아내는 오랫동안 자유기고가 생활을 하면서 방송관련 잡지에 글도 많이 쓰고, 워낙 드라마를 좋아해 저녁만 되면 TV를 껴안고 살았다. 오죽했으면 동료들이 우리 부부에게 '테돌이' '테순이'라는 별명을 붙여줄 정도였다.

고민은 바로 우리처럼 TV를 좋아하는 부모가 자녀와 함께 TV를 볼 수밖에 없다는 데에서 발생했다. 좁은 아파트 구조상 TV소리가 차단되지 않는다는 점도 있지만 이제 만 두살이 된 아이를 혼자 둘 수가 없으니 늘 옆에 끼고 앉아서 TV를 보아야만 했고, 그 과정에서 많은 의문이 제기된 것이다.

과연 심야 드라마나 외화에서 보여지는 폭력적인 장면은 아이의 정서에 괜찮은가? 드라마에서 남녀가 아옹다옹 싸우는 장면은 보아도 괜찮은가? 쇼 프로그램의 현란한 조명이 아이의 시력에 해를 주지 않는가? TV 전자파는 아이의 건강에 얼마나 유해한가 등이다.

TV 뿐만이 아니다. 매주 한두편씩 보는 비디오도 걱정꺼리였다. 폭력적인 장면이 난무하는 중국무협영화, 실버스타 스텔론이 등장하여 총으로 사람을 죽이고 피가 난무하는 미국영화, 자극적이고 선정적인 섹스 장면들이 아이의 정서에 해를 주지는 않을까 라는 의문과 걱정이 떠나질 않는다.

그때부터 이것 저것 자료를 뒤져 보았다. 아이들의 심리적인 상태와 TV와의 관계, TV 시청교육에 관한 학자들의 글을 찾고 공부를 했다. 그 결과 우리 부부는 다음과 같은 결론을 내렸다.

적어도 우리 부부의 경험과 자료에 의하면 휘영이는 지금

TV의 장면에 대해서 정확한 이해를 하지 못한다. 그렇다고 함부로 자극적이고 선정적인 장면을 보여주어서는 안된다는 점과 얼마 안가서 TV에 등장하는 모든 장면들을 이해할 수 있는 나이가 될 것이라는 점이다. 그 때를 대비해서 지금부터라도 차근차근 TV 시청교육이 이루어져야 하겠다는 것을 깨달았다.

휘영이가 곧 TV의 장면에 대해 이해하기 시작할 것이라는 우리들의 예상은 시간이 지나면서 차츰 적중되었다. 휘영이는 이제 아침에 일어나서는 「뽀뽀뽀」, 「TV유치원 하나 둘 셋」, 「혼자서도 잘해요」로 이어지는 유아 프로그램을 보면서 하루를 시작하고, 프로그램 내용에 대한 집중도와 이해력도 하루가 다르게 달라져 갔다. 처음에는 그저 노래에만 가볍게 반응하더니 곧 노래를 흥얼거리기 시작했고, 집중하는 시간도 처음에는 1분을 넘지 못했는데 이제는 거의 끝날때까지 집중하여 보는 것이다. 저녁 시간대의 프로그램도 마찬가지이다. TV 속에서 자신이 알고 있는 '빠앙' (자동차를 휘영이는 이렇게 부름)과 '또럭' (트럭)이 나오면 TV로 다가가서 손가락으로 '빠앙', '또럭' 하면서 가르치기 시작한 것이다.

이 책은 바로 휘영이와 같은 아이가 자라서 유치원에 가고, 초등학교와 중학교를 진학하면서 그들에게 학교 다음으로 가장 많은 영향을 주고, 세상에 대해서 가르쳐주는 TV를 과연 어떻게 이해하고, 받아들이며, 이용해야 하는지 그 방법을 중

심으로 기술한 책이다. 딱딱한 서술보다는 일상생활에서
TV를 놓고 아이와 부모 사이에서 일어날 수 있는 다양한 갈
등을 예로 들었고, 그 해결책에 대해서 그동안 잡지, 신문,
논문 형식으로 발표된 자료들을 참고하여 알기 쉽게 써 보려
고 노력했다.

　이 책을 읽고 한 가정이라도 마치 마약 중독자 처럼 하루하
루를 습관적으로 TV에 탐닉하던 것에서 벗어나 계획적이고
올바른 TV 시청을 생활화했으면 하는 바램이다.

1996년　4월 2일

저 자

차 례

제1장. 아빠보다 TV가 더 좋은 텔레비전키드

제3장. TV시청 시간을 가족간의 대화의 시간으로 만든다

제4장. 비디오와 케이블TV 바로보기

제5장. 당신의 자녀가 컴퓨터 해커는 아닙니까?

TV에 중독된 내 아이
어떻게 가르칠까

1. 아빠보다 TV가 더 좋아요

조금 오래된 얘기지만 미국에서는 텔레비전을 많이 보는 아이들을 대상으로 흥미로운 조사를 한 적이 있었다. "아빠와 텔레비전 중 어느 쪽이 더 좋은가"라는 질문이었다. 비록 단편적인 질문이었지만 미국 사회는 큰 관심을 갖고 조사 결과를 주목했다. 어린이들에게 TV란 어떤 존재인가를 알 수 있는 간단하지만 핵심적인 조사였기 때문이다.

물론 많은 미국 사람들은 마음속으로 TV보다 아빠를 좋아한다고 응답을 한 어린이들이 많기를 기대했지만, 조사 결과는 그 반대였다. TV가 아빠보다 더 좋다고 응답한 아이들이 많았던 것이다.

우리의 경우는 어떨까? 서울 강남지역에 있는 국민학교 학생을 대상으로 미국의 어린이들에게 했던 똑같은 질문을 던졌을 때 우리의 어린이들은 아빠와 텔레비전 중 어느 쪽을 선택할까? 아직까지 국내 어느 방송사나 방송학자, 또는 관련 단체도 조사를 한 적은 없지만 한번 해 볼만한 가치가 있는 질문이다. 과연 우리의 어린이들에게 있어서 아빠는 방송만큼이나 친숙하고 가까운 존재일까?

내는 시간보다 길다고 하고, 18세가 될 때까지 TV 앞에서 보내는 시간이 잠을 자고, 행동하는 시간 다음으로 가장 많은 시간을 차지한다고 한다.

이렇게 아이들에게 막강한 힘을 발휘하는 TV와 비교하여 오늘날의 아빠들은 어떠한가. 아침 일찍 아이들이 일어나기 전에 출근해 허구한 날 야근 때문에 늦게 들어와 아이 얼굴을 보기 힘들다. 일이 없을 때는 술에 취해 고주망태가 되어 들어오거나 주말이면 피곤하다는 핑계로 아이들과 놀아 주지도 않고 잠만 잔다. 그런 샐러리맨 아빠들의 모습과 비교하여 어린이들에게 TV와 아빠 중 누가 더 좋은가를 선택하라고 한다면 오히려 TV를 선택하지 않는 어린이들이 이상할 것이다.

2. "왜 학교에서 가르치는 것과 TV에서
가르치는 게 달라요?"

영국의 아동 연구가인 힘멜와이드는 "현대의 어린이들에게는 두 개의 학교가 있다"고 했다. 하나는 일반학교이고, 또 하나는 학교가 끝난 다음 집에 와서 보는 TV학교이다. 그리고 오늘날 아이들은 TV학교 외에 과외학교라는 또 하나의 학교에 다니고 있다. 오전에는 정규학교에서 선생님의 수업을 받고, 오후에는 과외학교에서 과외선생님의 가르침을 받고, 그리고 저녁에는 TV학교에서 가르침을 받는다. 학교교육이 문교부가 인정한 정규교육이라면 과외학교와 TV학교는 비공식적인 학교라고 할 수 있다.

이 중 사실상 아이들에게 가장 많은 영향을 미치는 것은 오전의 학교교육과 저녁의 TV 학교교육이다. 그런데 문제는 이 두 개의 학교가 서로 상반된 성격을 가지고 있다는 점이다.

정규학교에서는 아이들에게 공중도덕과 법을 잘 지키기위한 교육을, 집안에서는 어른들을 공경하고 애국자나 세계 위인들의 예를들어 국가에 충성하도록 가르친다. 하지만 TV는 그 반대이다. 수사물을 통하여 권선징악이라는 미명 아래 온갖 범죄 수법을 가르친다. 또한 역사적인 인물보다는 노래를 잘하고 옷 잘입는 가수들을 어린이들의 우상으로 만들어 놓기 일쑤이다.

이 상반된 두 개의 학교 사이에서 아이들은 아직 판단 능력이 부족한 상태에서 과연 어디에 기준을 맞추어야 할 지 당황하게 된다. 학교에 들어가기 전에 TV를 많이 본 아이들은 TV와 전혀 반대되는 엄숙한 주입식 학교교육에 홍미를 느끼기가 어렵다. 더욱이 각 개인별 학습의 능력과 진취도에 따라 가르치는 교육이 아닌 중상위권에 맞추어진 획일화된 교육은 많은 아동들에게 현재의 학교교육에 홍미를 갖지 못하도록 한다. 따라서 학습 지진아가 생기고, 이들은 집에 와서도 공

있는 TV 소리를 들으며 일상이 시작되는 것이다.

아침 9시까지 학교에 등교, 오후에 수업을 마치면 방과 후에는 피아노학원, 주산·속셈학원, 영어학원, 미술·서예학원에 간다. 몇몇 어린이들은 방과 후에 친구들과 어울려 놀기도 하지만 극소수에 불과하다. 대부분의 어린이들은 학원을 다니고 있고, 한 곳만 다니는 것이 아니라 저녁까지 2~3군데를 다닌다.

학원에 갔다가 집에 귀가하는 시간은 오후 5시 정도, 초등학교 고학년인 경우는 6시가 다 되어서야 들어온다. 집에 돌아오면 발 씻고 옷을 갈아입고 곧장 텔레비전 앞으로 달려간다. 바로 만화가 시작되는 어린이방송 시간이기 때문이다. 미처 부모님과 학교생활에 대한 이야기를 나눌 틈도 없이 텔레비전 앞에 앉는다.

엄마는 이런 아이의 행동이 못마땅하지만 저녁시간 중 유일하게 정해진 '어린이 시청 시간대'이기 때문에 잔소리를 하기가 어렵다. 말로는 숙제를 하고 TV를 보라고 하지만 숙제를 하고 나면 이미 어린이 시간이 끝나 버리기 때문에 TV 시청에 대해서 더 이상의 간섭을 할 수가 없는 것이다. 이렇게 TV를 시청하다보면 저녁 먹을 시간인 7시까지 약 1시간 30분에서 2시간 가량 그 시간은 계속 이어진다.

저녁을 먹는 동안에도 TV는 계속 켜져 있다. 식당에서 밥을 먹을 경우는 텔레비전 소리를 크게 하여 소리라도 들으면

서 먹고, 상을 차려 방이나 거실에서 저녁을 먹는 경우는 TV
를 보면서 먹는다.

저녁식사가 끝나면 대충 7~8시, 이때부터는 쇼, 퀴즈 등
본격적인 가족 시청 시간대의 오락 프로그램이 방송된다. 특
별한 제지가 없는 한 어린이들은 부모님과 함께 그대로 시청
한다. 부모들은 막연하게 아이가 텔레비전 앞에 앉아 있는 것
이 못마땅하긴 하지만 크게 해를 미치지는 않는다는 생각에
아이들이 보고 싶어하면 그대로 보게 하는 경우가 대부분이
다. 결국 어린이들이 TV에서 벗어나 숙제를 하거나 자습을

자녀들이 학교와 과외공부 갔다오면 으례 앉는 곳이 TV 앞이다.

이다. 연구에 의하면 세 살된 아이들의 95%가 TV 광고의 노래를 따라 부를 수 있고, 4살된 아이들의 70%가 TV 프로그램의 주인공을 기억한다고 한다.

우리나라에서 오랜만에 가족 전체가 모이는 잔칫날이 되면 아이들이 주 화젯거리가 된다. 그 중에서도 돌이 갓 지나 막 재롱을 피기 시작하는 유아와 아직 학교에 다니기 전인 5~6세 아동들의 재롱 잔치는 빼놓을 수 없는 즐거움이다. 텔레비전에서 노래가 흘러나오면 너도 나도 어린 자식들을 앞에 세워 놓고 "춤 한번 춰 봐라"고 말한다. 두, 세살 짜리 유아들이 너도 나도 춤을 추어 할머니 할아버지를 흐뭇하게 만든다.

"얘, 가수 김건모 흉내 좀 내봐라"라고 말하면 5세짜리 손주는 당장 허리가 흐느적대는 레게춤에 짧은 혀로 랩을 흉내낸다. 그것을 보고 "아버님,얘가요. 텔레비전에 나오는 가수 노래는 못하는 게 없어요.""그래? 우리 손주는 누굴 닮아 이렇게 똘똘하누"가족간의 흐뭇한 대화가 오가고 스타가 된 아이는 의기양양, 손님들만 오면 자신의 재주를 자랑하기에 여념이 없다. 그 아이는 아마 어른들의 귀여움을 독차지하기 위해 더 열심히 TV를 보고 흉내 내기를 되풀이 할 것이다.

하지만 TV라는 대중매체는 항상 유아나 어린이들에게 유익한 프로그램만을 방영하지는 않는다. 심야의 성인용 시청 시간대에는 어린이들이 보면 해가 되는 각종 폭력, 선정적인 프로그램이 방송되고, 가족 시청 시간대에서도 간접 광고, 저속한 대사, 폭력, 선정적인 장면의 노출 등 어린이와 청소년들의 흥내를 자극할 수 있는 비교육적인 프로그램들이 방영되어 방송 위원회의 심의에 자주 적발되곤 한다.

특히 폭력, 선정적인 성인용 프로그램이 어린이들에게 자주 노출되어 있다면 그 영향력이라는 것은 우리들이 생각했던 것보다도 훨씬 심각하다는 것이 학자들의 그 동안의 연구 결과이다. 그때 TV는 '세계로 열려진 창'이 아니라 새로운 범죄를 가르쳐 주는 '범죄학교'가 되는 셈이다.

그동안 관련 학자들의 연구 결과에 따르면 TV가 어린이들에게 직접적인 영향을 준다는 주장도 있고, 일시적인 영향만을 준다는 주장도 있다. 예를들면 코미디에 등장하는 유행어라든가, 쇼 프로그램에 나오는 인기 가수의 몸짓이 어린이들에게 심각한 영향을 미친다는 주장이 있는 반면에, 그것은 단지 일시적인 현상일뿐이라는 주장도 있다는 것이다. 또한 TV시청은 어린이들의 공부에 방해가 된다는 주장과 반대로 TV 시청은 어린이들의 교육에 효율적이라는 주장도 있다.

하지만 TV의 영향이 직접적이든 간접적이든 간에 중요한 점은 어떻게 사용하느냐에 따라 잘 사용하면 20세기 최고의 '문명의 이기'가 될 수 있고, 잘못 사용하면 20세기 가장 잔혹한 '문명의 흉기'가 될 것이라는 점이다. 아직 말도 못하는 어린 아이가 TV의 「뽀뽀뽀」 같은 유아 프로그램을 보고 재미있어 하며 그것을 흉내낸다고 해서 꼭 좋아할 것만은 아니라는 충고가 이 말 속에는 들어 있다.

　아이들이 TV를 좋아하는데에는 이유가 있다. 어떤 어린이들은 공부를 하는 것보다는 물론이고, 친구들과 함께 노는 것 이상으로도 좋아하는데 그 이유에는 여러 가지가 있지만 그 중 가장 큰 것은 바로 TV 시청의 편리함 때문이다.

　아이들이 TV를 시청하기 위해서는 아무런 준비를 하지 않아도 된다. 그저 가장 편한 자세로 TV 앞에 앉아 있으면 된다. 공부를 하기 위해서는 글을 배워야 하고, 졸림도 참은 채 책상 앞에 꼼짝없이 1시간이고, 2시간씩 앉아 있어야만 한다. 한참 활동이 왕성한 아이들에게 있어서 1~2시간 동안 정신을 집중한다는 것은 참으로 어려운 일이고 힘든 일이다.

　하지만 TV는 다르다. 글을 깨우쳐야 되는 것도 아니고, 특별히 정신 집중을 하지 않아도 된다. 선생님이나 부모님으로부터 특별한 통제도 없다. 그저 눕거나, 엎드려 가장 편한 자세로 TV를 쳐다보기만 하면 된다. 때때로 필요한 행동이라곤 리모콘을 누르는 손가락의 움직임밖에 없다. 나머지는 TV가 다 알아서 해 준다. 코미디를 보면 30초에 한번씩 웃겨 주고, 만화는 상상 속의 신비한 세계를 보여준다. 쇼 프로그램에서는 화려한 조명과 함께 자신이 좋아하는 가수가 나와 춤과 노래를 보여준다. 어린이들은 이런 TV화면 속에서 1시간이고, 2시간이고 환상 체험을 하는 것이다. 그 환상 체험은 그 동안 아이들이 경험했던 어떤 놀이보다도 신나고, 어떤 느낌보다도 새롭고 다양하다.

　그것은 평소에 학교와 과외 수업에서 쌓였던 스트레스를 풀어 주고, 지루함을 덜어 준다. 특히 TV는 아이들에게 그들 또래에서 빠질 수 없는 대화꺼리를 제공해 준다. 어젯밤에 보았던 코미디 내용은 그대로 다음날 교실에서 화제가 되고, 인기 연예인들의 사생활에 대해 한 두가지 정도는 알고 있어야 대화에 낄 수 있다.

　특히 친구들이나 같은 또래로부터 소외당한 어린이들일수록 TV는 좋은 친구가 되어 준다. 웃겨 주기도 하고, 자신이 좋아하는 배우나 탤런트, 가수들이 나와 마치 자신과 단독으로 애기를 하는 것 같은 착각을 주기도 한다. 그 때 TV는 어린이에게 비록 전자 매체이지만 감정이 있는 매체로 바뀌어 있다.

5. 어느 날 갑자기 칠판 글씨가
안 보인다는 아이들

　어느 날 갑자기 아이의 성적이 떨어졌다. 선생님으로부터 주의력이 산만하다는 연락이 오고, 몇 번 야단을 들은 아이는 학교마저 가기 싫어해서 고민이라는 한 학부모의 상담 사례를 읽어본 적이 있다. 원인은 뜻밖에도 눈에 있었다. 키가 커서 늘 뒷자리에 앉는 그 아이는 어느날부터 칠판 글씨가 잘 보이지 않더라는 것이었다. 흐릿한 글씨를 알아보지 못해 옆자리 친구에게 자꾸 공책을 보여 달라게 되었고 그것을 떠드는 것으로 착각한 선생님에 의해 야단을 맞았다. 잘 안보이니 자연, 수업에 흥미를 잃었고 성적이 떨어진 것은 당연한 결과였다. 그러나 엄마는 아이가 그렇게 눈이 나빠진 것을 모르고 있었던 것이다.

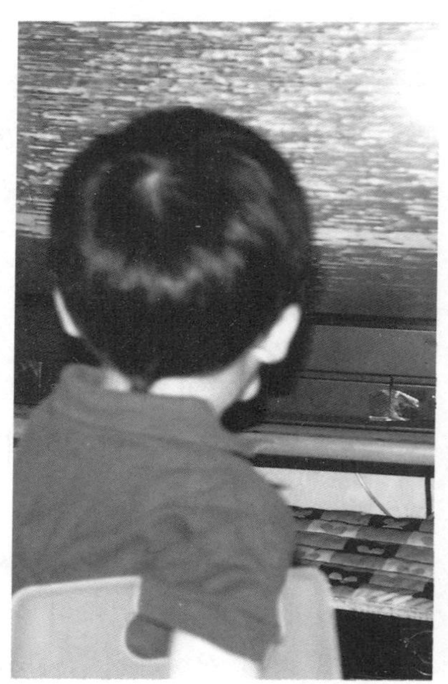

최소한 1m 이상 TV와 떨어져서 시청해야 전자파의 피해로부터 벗어 날 수 있고, 눈의 피로도 줄일 수 있다.

초등학교에서 우리는 안경 쓴 어린이들을 어렵지 않게 볼 수 있다. 특히 학년이 올라갈수록 그 수는 더욱 많아진다. 고등학교 3학년생이 되면 요즘은 대부분의 학생들이 안경을 쓴다. 이렇게 안경을 쓴 청소년들이 급증하는 주된 요인은 TV를 중심으로 한 컴퓨터 게임, 비디오 등의 영상물 과다 시청이 가장 큰 원인이라는 점이 지적되고 있다.

전문가들에 의하면 하루에 오랜 TV 시청(2시간을 넘어가지 않는)을 하지 않거나, 시청 장소가 그렇게 어둡지 않고, TV 수상기와 적당한 거리를 유지한다면 시력에 크게 해를 주지 않는다고 말하고 있다. 여기서 눈을 보호할 수 있는 적당한 거리란 TV 수상기에서 발산되는 전자파를 피하기 위해 최소한 1m 이상은 떨어져 있어야 하고, TV 수상기 화면과 비례하여 떨어져서 보아야 하는 거리이다.

하지만 대부분의 가정에서 이러한 원칙은 지켜지지 않고 있다. 일단 하루에 2시간 이상 TV를 시청하는 경우가 대부분이고, 시청 자세도 안방에서 볼 경우는 턱을 괴거나, 누워서 TV를 시청하는 것이 일반적이고, 거실의 경우는 가구 위에 텔레비전을 올려놓기 때문에 어린이들의 시선의 높이와 맞지 않아 어린이들의 목 근육에 무리를 주고 있다. 또한 오랜 시간 쉬지 않고 TV에 몰입하며 텔레비전 바로 앞에서 시청하는 경우도 무척 많다. 특히 최근에 대형 수상기의 보급률이 늘어나면서 10~20평대의 좁은 아파트에 사는 사람들은 멀리 떨어질 수 있는 거리의 확보조차 어렵게 된다.

인간의 뇌파 실험에 의하면 대부분의 시청자들은 TV 시청 후 20-30분이 지나면 멍청한 상태로 변한다고 한다. 이때가 되면 인간의 사고는 정지하고 무비판적인 상태가 된다. 이런 상태가 심해지면 두통과 의욕상실 등 각종 신체적 폐해를 줄 수 있다고 전문가들은 경고하고 있다.

특히 유아들은 뛰어다니면서 놀고, TV 화면에 대한 현실 감이 없기 때문에 자주 TV 앞으로 달려가 화면을 마치 사람을 만지는 것처럼 만지곤 한다. 따라서 전문가들에 따르면 유아의 경우 TV의 과다 시청이 논리적 사고와 언어 활동에 악영향을 줄 수 있다고 경고하고 있다.

유아들이 TV 앞에 앉아 있는 경우 화면의 빠른 장면 전환과 빛이 그대로 유아의 뇌에 전달된다. 초기에는 그 화면에 자극을 받아 뇌가 적극적으로 활동을 하는 베타파가 생성되지만, 얼마 안 가서 뇌의 활동이 정지되는 알파파로 바뀐다고 한다. 즉 아직 뇌가 정상적으로 자라지 못한 어린이들에게 TV의 화려한 화면과 빛은 감당할 수 없을 만큼 강한 충격이라는 것이다. 따라서 뇌의 활동이 정지되고 이런 현상이 계속된다면 유아들의 뇌발달 중에서 언어와 논리적 사고 발달에 악영향을 미친다는 연구 보고가 나와있다.

일반적으로 유아들의 언어와 논리적 사고 능력은 부모나 형제, 자매들과의 대화를 통해서 발달한다. 유아들에게 자꾸 말을 시키고, 질문을 함으로써 아이들은 뇌를 통해 질문에 답을 하려 노력하게 되고, 그 과정에서 뇌가 발달하는 것이다.

하지만 과다하게 TV를 계속 볼 경우 이러한 언어적, 논리적 뇌의 기능은 정지된다. 그 현상이 심화되면 유아들은 자기 표현의 기회가 줄어들게 되고 심하면 다른 사람과의 대화 자체를 싫어하는 자폐증 환자나, 자신의 의사를 제대로 표현하지 못하는 어린이가 되며, 항상 불안하여 한시도 가만있지 못하는 비정상적인 아이로 성장할 수 있는 가능성이 있다는 지적이다.

관련 전문가들에 따르면 어린이들의 뇌의 발달은 2세 때 거의 어른의 수준으로 발달하고 성격·정서 등의 발달은 6세에 이르기까지 전체 성인 발달의 90%를 차지한다고 한다. 또한 이 시기는 일생에서 가장 빠르게, 많은 양의 지식을 배우는 시기라고 할 수 있다.

따라서 이 연령에 있는 어린이들이 있는 가정에서는 TV 과다 노출은 최대한 자제하는 것이 좋다는 것을 항상 염두에 두어야 한다. 특히 핵가족으로 자녀가 1~2명 밖에 없거나, 맞벌이로 부모가 모두 직장에 출근하여 상대적으로 아이와 같이 있는 시간이 많지 않은 요즘의 가정에서는 특히 주의할 점이다.

6. 뚱뚱한 아이가 TV도 많이 본다

"엄마, 밥 한 그릇만 더 먹을래."

"그만하지 못하겠니? 너 오늘도 학교 앞에서 햄버거 사 먹었어, 안 먹었어?"

집집마다 좀 더 먹겠다는 아이와 못 주겠다는 엄마들 간에 실랑이를 벌이는 것을 자주 볼 수 있다. 옛날에는 밥이 없어서 못 주었지만 지금은 아이들이 너무 살이 찌는 것을 막기 위해 줄 수가 없는 실정이다. 한국 소아과학회가 발표한 바에 따르면 초등학교 어린이들 가운데 소아 비만 및 소아 당뇨가 급격하게 증가하고 있어 이미 어린이 성인병이 심각한 정도에 이르고 있다고 한다. 술먹고 고기 좋아하는 어른들에게나 있는 병인 줄 알았던 성인병이 어린이에게 나타난다니 충격적인 일이다.

이렇게 최근 어린이 건강의 가장 큰 적으로 등장하고 있는 어린이 비만. 그 이유는 물론 경제력이 향상되면서 육류 및 인스턴트식품의 과다 섭취에 의한 것이지만 그 과다 섭취의 계기를 던져 주는 것이 바로 TV 및 비디오, 컴퓨터 게임 등이라는 점에서 우리는 한번 그 문제를 생각해 볼 필요가 있다.

일단 TV, 비디오 게임 등은 모두 집안에서 이루어지고 또 가만히 앉아서 손가락만 움직이는 것이기 때문에 한참 성장기의 어린이들 사이에 운동량을 턱없이 부족하게 만든다. 아이들은 많이 먹고 또 그만큼 많이 바깥에서 뛰어 놀아야 건강하다는 것은 정해진 이치인데 요즘은 뛰어 놀 바깥도 없는 아파트 생활에다가 각종 범죄가 무서워 아이들을 집안에 묶어 놓는 것이 부모들의 일이 되었다. 자연 집안으로 아이들을 끌어들이자니 각종 오락기며 비디오 테입 등을 구입할 수밖에 없고 앉아서 그것에만 몰두하는 아이들이 비만이 되는 것은 시간 문제일 것이다. 어른들도 그렇지만 집안에서 TV 등을 보다 보면 입이 심심해지고 그것은 군것질을 부채질한다.

이런 현상은 비단 우리나라뿐 아니라 선진 각 국도 마찬가지이다. 95년도 일본 소아과학회가 수도권, 오사카, 아이치, 가고시마 등 15개 도, 부, 현의 소, 중학생 6천5백56명을 대상으로 조사한 바에 의하면 평균 어린이 TV 시청 시간은 164분으로 나타났고, 표준 체중 이하의 어린이는 평균 TV 시청 시간이 156분으로 평균보다 적은 시간을 TV 시청하는 반면에, 비만도가 30-50%인 중(中) 비만 어린이는 209분, 50%이상인 고(高) 비만 어린이는 235분으로 비만도가 높을수록 TV 시청 시간이 긴 것으로 나와있어, 어린이들을 밖에서 놀도록 권장하고 있다.

이렇게 집에서만 노는 아이들은 신체적인 발육뿐만이 아니라 정신적인 발육에도 지장을 초래할 수도 있다. 독일의 공영방송인 ARD의 조사에 따르면 79년도에 주로 집안에서 논다는 어린이의 비율이 22%였던데 반해, 90년도에는 51%가 집안에서 카세트 테이프, 비디오 게임, 컴퓨터 등에 빠져 시간을 보내는 것으로 나타났고, 그 결과로서 도시 어린이들의 60%정도가 자세가 비뚤어지고 40%는 혈액순환 장애 증세와 함께 기본적인 건강 유지에 문제가 있는 것으로 나타났다. 또한 1/3은 운동 부족으로 인한 비만 증세를 보이고 그중 10%는 심각한 정도에 이르고 있는데, 80년대 이후 비만 어린이가 배로 증가한 것으로 나타났다. 뿐만 아니라 정서적인 불안정으로 인해 언어 장애나 소극적인 성격, 난폭한 성격이 형성되고 우울증까지도 유발할 수 있다고 경고하고 있다.

따라서 전문가들은 무엇보다도 TV, 비디오, 게임 등에 몰두하는 시간을 2시간 이하로 최대한 줄이고 대신 독서나 같은 또래와 함께 놀 수 있는 놀이들을 적극적으로 지도해 줄 필요가 있다고 조언하고 있다.

7. '슈퍼맨' 처럼 하늘을 날고 싶은 어린이

앞에서도 언급을 했지만, 어린이들에게 있어서 TV는 세계로 열려진 최초의 창이다. 문제는 여기서 세계로 열려진 '창'에는 여러 가지 종류가 있다는 점이다. 즉 반쯤 열려진 창이

아이에게 있어서 TV는
세계로 열려진
첫번째 창이다.

있는가 하면, 일부분만 열려진 창도 있다. 또한 파랗게 보이는 창이 있는가 하면, 붉게 보이는 창도 있다. 이렇듯 창에는 여러 가지 종류가 있음에도 어린이들은 이를 인식하지 못하고 TV의 세계와 현실의 세계를 혼돈한다.

어린이들이 볼 수 있는 창에는 아무런 필터가 없다. 창의 크기도 그들의 눈에 보이는 한가지 창밖에 없다. 따라서 아이들은 모든 것을 그대로 받아들인다. 필터가 있어 좋은 것과 나쁜 것, 받아들일 것과 받아들이지 말아야 할 것 등을 걸러 주어야 하는데 그런 장치를 갖고 있지 못하다.

「슈퍼맨」이나 「배트맨」을 보고서 자신도 하늘을 날 수 있을 것이라며 그대로 따라 해 큰 상처를 입었다는 어린이들에 관한 기사가 종종 신문지상에 올려지곤 한다. 몇 년 전에는 사람이 세탁기에 들어가 깨끗이 빨아진 채 나오는 광고를 보고 자기 동생을 세탁기에 집어넣고 빨겠다고 해서 사건이 벌어진 가정의 이야기가 신문에 실린 적도 있었다. 최근에는 초콜릿을 먹고서 아무 걱정 없다며 고층 빌딩 밑으로 떨어지는 여성을 보여주고 있는 광고가 어린이들이 흉내낼 소지가 있다며 심의의 대상이 되기도 했다.

보다 심각하게는 일본에서 몇 해 전 동경 지바현에서 이와 관련된 일이 벌어져 한바탕 사회 문제화된 적이 있었다. 당시 TV뉴스는 한참 아프리카의 기아에 대해서 집중적으로 보도하고 있었다. 자연 재해로 인하여 인간 이하의 생활을 하고 있는 사람들의 모습이 화면 가득 방송되곤 했다. 어느날 저녁 한 가정의 저녁 식사 시간이었다. 화면에는 마침 뉴스 시간이 되어 지나치게 여윈 사람들, 못 먹어서 배만 볼록 나온 사람들, 상상할 수 없을 정도로 마른 다리를 가진 사람의 모습 등이 방송되고 있었다. 이 때 화면을 보고 있던 어린이가 의자에서 벌떡 일어나, TV화면 앞으로 다가가 자기가 먹던 밥 그릇을 내밀면서 "이걸 받으세요, 이걸 먹으세요"라고 말했다는 것이다.

이 아이의 행동은 물론 감동적인 것이다. 이를 본 할아버지가 손주의 마음에 감동해 난민 퇴치용 성금을 냈다고 신문은 미담 기사로 전하고 있지만 그보다 앞서 생각할 점은 바로 어린이들이 TV화면에 나온 내용과 현실을 구분하지 못한 대표적인 사례라는 점이다.

미국의 어린이들도 마찬가지이다. 몇 해전 걸프전에서의 일이다. TV화면은 하루종일 미군의 폭격기가 이라크의 목표물을 미사일로 정확하게 폭격하는 장면을 방송했는데 마치 어린이들이 오락실에서 매일 하는 게임과 비슷한 화면이었다. 화면은 목표물을 향해 비행기와 함께 접근하고, 화면 가운데에 있는 네모 속에 목표물이 들어오면 미사일이 발사되고 이어서 목표물이 파괴되는 장면을 반복해서 내보냈다. 이를 본 미국의 어린이들은 그 장면이 오락실의 게임 장면인지, 진짜 전쟁이 발발하여 엄청난 피해를 주는 장면인지 현실감을 느낄 수가 없었고, 이는 심각한 교육적인 문제를 불러올 소지가 있다고 교육계로부터 문제가 제기되었다. 그 어린이들에게 전쟁은 화면 속의 게임과 조금도 다르지 않을 것이고 따라서 전쟁을 흥미의 대상으로만 생각할 것은 자명하다.

우리나라 어린이들도 예외는 아니다. 가장 최근의 예를 보아도 성수대교의 붕괴, 삼풍백화점의 붕괴 등의 대형 사건이 터져 그에 대한 소식을 전할 때에도 어린이들은 그 사건에 대한 심각성을 알지 못했다. 화면 가득 아수라장이 된 삼풍백화점 사고현장 화면이 나왔을 때 대형 건물이 폭파되는 영화 「다이하드」가 생각났다는 어린이들이 있었다. 건물이 무너지고 사람이 다치는 것에 대해 자기 자신이 직접 경험하지 않는 한 별로 실감을 하지 못한다. 이미 수많은 폭력 프로그램을 통해 자주 보아 왔던 화면이기 때문에 면역이 되었던 것이다.

8. 가족 파괴, 예절 파괴의 미국 드라마가 한국 어린이의 가정교사

「월튼네 사람들(The Walton′s)」이라는 드라마가 있었다. 월튼이라는 사람의 가정에서 일상적으로 일어나는 일들을 그린 홈 드라마인데 미국에서 매우 높은 시청률을 기록했었다. 미국의 한 논문 자료에 의하면 이 드라마를 본 어린이와 보지 않은 어린이를 비교 분석해 본 결과 「월튼네 사람들」을 본 어린이가 안 본 어린이보다 가족간의 대화를 통하여 문제를 해결하는 법과 남을 돕는 데에 훨씬 협조적이라고 밝히고 있다.
　비슷한 예로 「래씨(Lassie)」를 들 수 있다. 우리나라에서도 방영된 바 있고 현재는 비디오로도 출시되어 있는 외화인데 이 드라마를 본 초등학교 1,2,3학년 어린이들이 다른 가족 코미디 드라마를 본 어린이들과 비교하여 훨씬 협조적인 행동을 하고 있었다는 보고가 있었다. 이 드라마는 한 어린이가 래씨라는 개와 함께 어려운 상황에 처한 사람들을 극적으로 도와주는 내용으로 이루어진 극이었다.

TV가 어린이들에게 미치는 영향 가운데 무시하지 못할 점이 바로 사회화 교육이다. TV는 어린이들에게 사회의 다양한 모습을 보여줌으로써 우리 사회가 어떻게 구성되어 있고 어떤 가치관을 가지고 움직이고 있으며, 문제는 무엇이고 그 해결책은 어떤 것인가를 알려주는 가장 뛰어난 대중매체이다.

무엇보다도 TV는 어린이들에게 우리 사회를 구성하고 있는 가장 기초적인 요소인 가정을 보여준다. 어린이 자신이 살고 있는 가정 이외의 다른 가정의 모습을 보여줌으로써 구성원간의 역할, 윗사람을 공경하는 방법, 아랫사람에게 친절을 베푸는 아량, 식사예절, 인사법, 이웃을 도울 줄 아는 봉사정신 등을 배우게 한다.

또 가족 드라마는 가족 내 갈등 구조와 해결책을 간접 경험하게 함으로써 만일 식구들과 원만하게 지내지 못하는 어린이가 있다면 문제를 어떻게 해결할 수 있는지를 가르쳐 주기도 한다.

우리나라의 경우도 흔히 홈드라마라고 하면 할머니 할아버지 심지어는 증조 할머니까지 등장하는 대가족이 출연해 가족 내에서 발생하는 여러 가지 갈등을 보여주고 그 갈등이 대화와 가족간의 사랑으로 해결되는 형태의 드라마가 많이 선보여 왔다. 96년도 초까지 시청률 1위 자리를 지키며 방송되어온 KBS 드라마 「바람은 불어도」가 여기에 해당될 것이다.

TV의 사회화 교육 기능에 대해 한가지 더 살펴볼 점은 외국의 가족 드라마를 어떻게 받아들여야 할 것인가에 대한 의문이다. 미국의 경우는 특별히 가족간의 이야기를 그린 코믹 시츄에이션 드라마가 있어 상당한 인기를 끌고 있고, 우리나라에도 자주 방송되곤 한다. 대표적인 프로그램으로 「코스비 쇼」와 최근에 방송된 「마가렛 조는 못 말려」등이 있다.

이런 드라마는 대부분 미국의 생활 습관과 방식이 그대로 전해지고 있어 우리와 다른 가정의 생활 모습을 보여준다. 만약에 이를 어린이들이 무비판적으로 수용하게 되면 어린이들의 가치관에 혼란을 가져옴은 물론 미국의 생활 모습이 마치 올바른 모습인 양 따라 하게 되는 경우가 발생하게 된다.

미국 사람들은 그들대로의 가족 예절과 관습이 있다. 그것은 우리의 것과 많이 다를 뿐만 아니라 전통적인 사고에 익숙한 어른들의 눈으로 보면 예절도 없고 위 아래도 없는 '비교육적'인 상황이 되기 쉽다. 어른들에게 한 치의 굽힘도 없이 자기 주장을 펴는 모습은 그들에겐 합리적이라고 파악되는 한편, 우리나라 부모의 입장에서는 '버릇없는' 것이다. 남자친구를 집안에 데리고 들어와 키스를 하거나 여러 명의 남자를 바꿔 가며 사귀는 것이 미국의 청소년들에겐 당연한 것이나 우리 청소년의 현실에선 불량한 것이다.

우리의 어린이들의 경우, 한국과 미국의 차이를 미처 깨닫기도 전에 '남들은 저렇게 사는구나' 하고 자신이 처해 있는 상황과 동일시하고 단순 비교를 함으로써 자칫 잘못된 행태로 나아갈 수 있는 것이다. 미국의 부유층 청소년들의 이야기인 「베버리 힐즈 아이들」이 우리나라 텔레비전에서 청소년들로부터 큰 인기를 끌었을 때 많은 사람들이 염려하고, 그 방영을 못마땅해 했던 것은 바로 이런 이유 때문이었다. 이럴 때에는 항상 부모가 어린이와 함께 시청하면서 미국의 생활 방식과 우리의 생활 방식간에 차이점이 무엇인지를 대화하면서 시청하는 태도가 필요하다.

9. 채널권을 장악한 집안의 권력자, 리모콘 키드

1970년대에는 '아스팔트 키드'가 있었다. 고향이 없는 아이들, 흙을 밟고 자라지 못하고 아스팔트에서 태어나 아스팔트에서 살아가는 도시의 아이들을 빗댄 말이었다. 오늘날에는 '열쇠 목걸이 아이들' 과 '리모콘 키드'가 있다. 대부분

맞벌이 가정인 요즘 아이들이 학교 갔다 돌아오면 목에 걸고 다니는 아파트 열쇠로 문을 열고 들어와 혼자 밥상을 차려 먹는 아이들을 빗댄 것이다. 그들은 혼자 집에 돌아와 제일 먼저 리모콘을 찾는다.

오늘날 TV는 가정 생활에 있어서 그 어떤 가전제품보다도 필수품으로 손꼽힌다. 특히 VCR의 급속한 보급으로 인해 한 세트가 된 TV 수상기는 가정에서 가장 대우를 받는 가전제품이 되었다. TV 수상기는 냉장고, 세탁기, 전자렌지 등 다른 가전제품과 달리 집안의 가장 중요한 부분인 안방에 혹은 거실에 놓여진다. 즉 온 가족이 함께 모여 시청하기 가장 좋은 자리에 '모셔지는' 것이다.

그도 그럴것이 오늘날의 가정은 자고, 먹고, 일하는 등 최소한의 기본적인 생활 외에 다음으로 큰 비중을 차지하는 것이 바로 TV 시청이나 비디오를 보는 것이기 때문이다. 물론 우리나라도 경제 성장으로 인하여 많은 사람들이 주말만 되면 취미 활동을 위해 떠나는 레저족이 늘어가고는 있지만 아직 어린 아이들이 있는 대부분의 가정에서는 경제적인 사정과 교통의 어려움 등으로 TV 시청으로 하루를 보내는 경우가 많다.

대부분의 가정에서 가족들은 만났다 하면 TV를 시청한다. 특별한 일이 있어서 가족 회의를 여는 시간이 아닌 바에는 TV는 항상 켜 있는 상태이다. 각 가정의 TV 수상기 보급 대

수는 이미 전국적으로 1천1백만 세대. 1백%의 보급률을 기록하고 있다. 한 가정의 TV 수상기 수는 가족 구성원에 따라 보유 대수가 달라진다. 일반 서민이나 신혼의 가정, 그리고 아이가 1명 정도 있는 가정에서는 대부분 1대의 텔레비전 수상기를 보유하고 있고, 노부모를 모시고 있는 가정은 노부모용 TV, 고등학생이 있어 과외 방송을 보아야 할 때는 그들에게도 TV 수상기 1대가 부여된다.

하지만 비록 TV 수상기 보유 대수가 2대 이상으로 늘어가는 추세임에도 여전히 TV는 혼자서 보는 것이 아닌 온 가족이 함께 보는 것으로 여겨지고 있어서 TV 시청은 가정에서 중요하고도 일상적인 행사가 되고 있다.

하지만 TV를 시청하다 보면 종종 부부간에 혹은 자녀들 간에 채널 선택권 때문에 의견 마찰이 일어나 집안의 문제로 등장하곤 한다. 특히 아직 케이블TV가 정상 괘도에 진입하지 못하여 가입 신청 가구가 많지 않은 상황에서 현재의 채널 선택의 여지는 기존 공중파 방송의 5개 채널로 한정되어 있지만, 만약에 케이블TV 가입 가정이 증가하게 될 경우 공중파 방송과 합한 30여개 채널 중 어떤 채널의 프로그램을 시청하느냐는 각 가정에서 고민 거리이자 새로운 마찰을 불러 일으킬 것으로 예상된다.

예상되는 대표적인 마찰은 자녀들 간의 채널 싸움이다. 첫째 아이는 영화를 보고 싶어하고, 둘째 아이는 코미디 프로그램을 보고 싶을 경우 처음에는 입씨름부터 시작하다가 급기야는 싸우는 경우가 종종 있다. 또한 신혼부부인 경우도 채널과 프로그램 선택 때문에 종종 마찰을 일으켜 결국 부부 싸움으로까지 비화되는 경우가 사람들 입에 오르내리고 있다. 아내가 드라마 보는데 채널을 돌리는 남편이 '간 큰 남편' 이라는 우스개 소리도 있을 만큼 리모콘을 누가 소유하는가 하는 문제는 집안의 권력 및 서열 싸움과도 동일시되고 있다.

사실 이럴때면 대부분의 가정에서는 첫째 아이의 선택에 의해 채널을 결정하는 경우가 많다. 즉 우리나라 전통적 사회적 가치의 하나인 서열 중심의 모습이 가정 내에서도 그대로 적용이 된다. 하지만 그렇다고 문제가 해결되지는 않는다. 특히 첫째 아이의 채널 선택권이 강압적으로 이루어졌을 때는 부모로서 조정하기가 쉽지 않다. 특별히 가족 구성원간에 무슨 요일, 몇 시에는 어떤 채널의 프로그램을 보자 라고 시청 계획을 세운 것도 아니고, 대부분이 습관적으로 TV를 시청하는 상태에서 부모들의 순간의 재치가 필요하다.

이럴 때 바람직한 해결 방법으로서 제시되는 것이 타협이나 가족 투표라는 것이다. 이것도 하나의 해결 방법은 될 수 있지만 보다 근본적인 해결책은 이 일을 계기로 가족간의 TV 시청 계획을 세우는 것이다. 온 가족이 모여서 한 주동안 자신이 볼 수 있는 프로그램을 정하고, 가족끼리 이견이 있을 때는 미리 조정을 하는 습관이 필요하다.

10. 아내가 드라마 볼 때 채널 돌리는 '간 큰 남편' 그 밑에는 '간 큰 아이들'

그렇다면 대부분의 가정에서 온 가족이 TV를 시청하는데 누구의 결정이 가장 큰 영향력을 발휘할 것인가. 한 가정에서 TV 시청 결정권자, 즉 채널 선택권자는 과연 누가 리모콘을 쥐느냐에 따라서 달라진다.

1994년 5월 방송위원회에서 조사한 한국 가정의 텔레비전 이용 실태에 대한 조사 결과에 따르면 온 가족이 함께 TV를 시청할 경우 채널 선택권자는 '가족 전체가 의논해서 결정한

가족 중 리모콘을 누가 쥐느냐에 따라 가정 내에서의 서열이 결정 된다.

다'가 가장 많았고, 다음으로는 아버지(21.7%)와 자녀들 (20.8%) 순으로 나타났다. 그밖에 조부모(3.1%), 어머니 (6.6%), 어머니와 아버지가 의논해서(7.8%), 자녀들과 의 논해서(6.1%), 기타(4.8%)로 나타났다.

방송위원회 조사의 결과에 의하면 가족이 함께 시청할 때 는 온 가족이 의논하여 TV를 시청한다는 응답이 가장 많아 비교적 합리적이고, 민주적으로 TV를 시청하고 있음을 알 수 있다. 하지만 그 다음의 채널 선택권자로서 아버지라고 응 답한 사람이 어머니라고 응답한 사람보다 월등히 높은 것으 로 나타났다.

이러한 가족 구성원간의 채널 선택권을 좀더 자세히 살펴 보면 먼저 아버지와 자녀가 함께 시청할 경우 '아버지가 선 택한다'가 50.0%, '자녀가 선택한다'가 22.4%, '함께 의논 해서 선택한다'가 27.1%로 나타나 아버지의 채널 선택권이 높은 것으로 나타났다. 한편 어머니와 자녀가 함께 시청할 때 는 '어머니가 선택한다'가 15.5%인 반면에, '자녀와 함께 의논하여 결정한다'가 42.8%, '자녀가 결정한다'가 41.7% 로 높게 나타났다. 또한 부부가 함께 시청할 경우 '부부가 함 께 의논해서 결정한다'가 48.7%로 가장 높게 나타났지만 '남편이 결정한다'가 35.2%로서 '아내가 결정한다'(16%) 보다 월등히 높은 것으로 나타났다.

이 결과를 통하여 알 수 있는 점은 실제적으로 가정 내에서 모든 일을 도맡아 하는 사람이 어머니이자 아내이고, TV를 가장 많이 보는 사람도 어머니와 아내임에도 채널 선택권은 미약한 것으로 나타나 오늘날 가정에서의 어머니의 위치를 간접적으로나마 알 수 있게 한다.

반면에 최근에 있었던 한 기업 사보의 가정의 채널 선택권에 대한 설문 조사 결과는 흥미를 끈다. 채널 선택권을 누가 장악하고 있느냐는 질문에 부모들은 1위로 자녀를 꼽았다. 그러나 정반대로 자녀들은 1위로 부모를 꼽고 있어서 가정 내에서 부모와 자녀들이 모두 상대방이 채널 결정권을 쥐고 있다는 불만을 강하게 갖고 있는 것으로 조사되어 어른들의 생각과 어린이들의 생각이 다름을 알 수 있다.

한편 온 가족이 함께 TV를 시청할 때 보는 프로그램으로는 코미디, 음악, 쇼, 게임, 드라마, 어린이, 노인 대상 프로그램을 보고, 가족구성원 중 혼자 TV를 시청할 때는 뉴스, 시사, 토론, 매거진, 정보, 교양, 스포츠 프로그램 등을 시청하는 것으로 나타났다.

이같이 온 가족 시청 프로그램과 개인용 프로그램 선택이 다른 이유는 공중파 방송의 프로그램 편성이 저녁 시간대에 집중적으로 오락 프로그램을 편성하고 있다는 이유도 있지만 가족들이 함께 모일 때는 교양, 시사, 정보 프로그램과 같은 딱딱한 프로그램보다는 오락 프로그램과 같이 함께 웃고 즐길 수 있는 프로그램을 더 좋아하고 있다는 것을 알 수 있다.

하지만 이같은 현상은 케이블TV의 활성화와 함께 많은 변화를 줄 것으로 여겨진다. 즉 기존의 공중파 방송과 케이블TV는 근본적으로 그 편성 형태가 다르기 때문에 같은 저녁 시간대라도 프로그램 선택의 폭이 넓어지기 때문이다. 그 중에서 어떤 것이 선택될지는 가족 모두의 의견 수렴이 필요하다.

11. 텔레비전을 끄면 금단 현상이 일어나는 TV중독증 가정

우리나라 대부분의 가정은 'TV중독증'에 걸려 있다. 자신도 모르게, 가족도 모르게 TV중독증에 걸려 있다. 물론 많은 사람들이 자신은 결코 'TV중독증'에 걸리지 않았다고 부정할지 모른다. 하지만 중독이라는 것은 자신도 모르는 사이에 걸리는 것이다. 자신이 TV중독인지 아닌지를 구체적으로 알아보려면 집안에서 TV라는 매체를 없애 버리면 된다. 마치 마약 중독자가 마약을 끊으면 금단 증상이 나타나듯이 TV중독증에 걸린 사람들은 비슷한 증세를 경험할 것이다.

단 1주일, 아니 며칠이나 하루라도 TV를 치워 보면 아이들이나 주부, 가족간에 어떤 현상이 벌어지는 지를 통하여 우리

가족의 TV 중독증이 얼마만큼 진행되어 있는지를 알 수 있을 것이다. TV를 치웠어도 아무런 문제가 발생하지 않고 잘 살아간다면 그 가정은 TV 중독증에 걸리지 않은 건강한 가정이라고 할 수 있다. 하지만 만약 TV를 치웠을 때 전에 없던 가정 문제가 발생한다면 일단 다음에 열거하는 TV중독 증세 중 우리 가족은 어떤 증세에 속하는지를 살펴 볼 필요가 있다. 다음은 국내 방송학자인 김동규, 안정임 박사가 연구하여 발표한 우리나라 특성에 맞는 TV중독 증세들로써 기존의 연구에 사례를 추가하였다.

'습관적 동거형'

습관적 동거형은 우리나라 대부분의 가정에서 일반적으로 일어나고 있는 대표적인 중독 증세 중 하나이다. 꼭 봐야 할 프로그램이 방송을 하는 것도 아닌데 무의식적으로 아침에 일어나서 TV 리모콘으로 손이 가는 현상이다. 또한 외출에서 돌아오거나, 저녁에 온 가족이 모여 함께 밥을 먹거나, 얘기할 때도 마찬가지다. 거실에 앉으면 무조건 TV를 켜고, 남편이 늦게 귀가할 때, 심지어는 옆집 손님이 찾아왔을 때에도 TV는 항상 켜 놓고 있다.

집안의 어른들이 이 중독증에 걸려 있으면 십중팔구 어린이도 이 중독증에 걸려 있다고 보면 된다. 공부를 할 때도, 장난감 놀이를 할 때도 항상 TV는 켜져 있고, 심지어는 잘 때에도 텔레비전을 보면서 잠을 자거나, 켜 있어야만이 잠을 청할 수 있다는 어린이도 있다.

만약 습관적 동거형의 중독증인 사람이 TV를 켜지 않으면 항상 불안하고, 무언가 잃어버린 듯한 허전함을 느낀다. 그렇다고 정신을 집중하여 책을 보거나, 다른 여가 활동을 하고 싶은 의욕도 없이 그저 멍청히 있지만 아무튼 불안한 것이다. 그러나 다시 TV를 켜면 마음이 안정되곤 한다.

'막무가내형'

막무가내형은 무슨 일이 있어도 특정한 프로그램을 꼭 보고야 마는 시청 형태를 말한다. 대표적인 현상으로서 주부의 경우는 저녁을 먹고 설거지를 해야 하는데 재미있는 일일 연속극 시간이 되면 하던 일을 멈추고 꼭 보고야 만다. 주부들의 드라마에 대한 이런 병적인 집착증으로 인해 한때 작가 김수현씨가 쓴 드라마가 방송중일 때는 전국 가정의 수돗물 사용이 일시에 줄었다는 에피소드가 전해질 정도다.

사실 드라마는 비단 주부뿐만이 아니라 우리나라 시청자들이 가장 좋아하는 프로그램 중 하나이다. 95년 초 SBS에서 방송된 드라마 「모래시계」의 경우는 그 프로그램을 방송하는 시간이 바로 직장인들이 귀가하는 시간이라고 하여 「귀가시계」라고 부를 정도로 많은 시청자들을 막무가내형 중독증 환자로 만들어 버렸다.

성인남자의 경우는 자신이 좋아하는 팀의 프로야구나, 프로 축구, 농구 등 인기 스포츠 프로그램을 방송할 때에 만사를 제쳐두고 꼭 TV 앞에 와서 앉는다. 어린이들의 경우는 만화영화 시간에는 무슨 떼를 써서라도 꼭 그것을 보고야 말고 그 시간이 될 때까지 몇 번이고 시간대를 묻곤 한다. 유아의 경우는 「뽀뽀뽀」를 보느라고 밥을 제대로 먹지 않으며 유아용 프로그램이 끝나야만 유치원에 간다. 그래서 한때 어린이 프로그램의 시간대를 조금 늦추었다가 주부들로부터 거센 항의를 받기도 했다. 프로그램이 끝나고 유치원에 가면 이미 시간이 늦는데도 아이들이 일어서질 않기 때문이다. 결국 시간대가 다시 앞당겨져야 했다. 모든 어린이들이 그 프로그램을 보고 일어나서 밥을 먹고 학교나 유치원에 가도 늦지 않을 수 있는 시간으로.

'과다 관여형'

과다 관여형은 일단 TV를 시청하기만 하면 극도로 홍분된 상태에서 TV에 완전히 몰입하여 시청하는 현상을 말한다. 여기에는 어린이형 과다 관여형과 어른형 과다 관여형이 나누어진다.

　우선 어린이형 과다 관여형은 텔레비전을 시청하면서 텔레비전과 시청 거리의 위험수위인 1m 이내로 가까이 가거나, 너무 집중하여 보기 때문에 옆에서 무슨 말을 하건, 자기 이름을 불러도 들리지 않고 몰입하여 시청하는 경우를 말한다. 이 중독증에 걸려 있는 아이들은 폭력적인 만화를 보면 그대로 따라 하려고 하고, 극적인 장면이 나오면 동네가 떠나가라 소리를 지르고, 만화영화를 보고 난 후 그 장면이 꿈속에 나타나 깨서 울기까지 한다. 이들의 공통된 점은 어느 요일에 무슨 만화를 하는지, 지난주에는 어떤 내용이었는지 자세하게 알고 있고, 집에 있을 때면 하루종일 TV앞을 떠나지 않는다. 만화영화 주제가를 좋아하여 언제나 따라 부르는 것은 물론이다.

　성인형 과다 관여형은 평소 텔레비전을 시청하지 않을 때에는 그렇게 순한 사람이 일단 텔레비전을 시청하면 다른 일에는 관심도 없고, 오직 텔레비전에 빠져 극도의 흥분된 감정 상태를 나타내는 증세를 말한다. 성인들의 경우 다혈질적인 성격을 가진 사람들이 주로 이 증상에 많이 걸린다.

　중독 현상을 살펴보면 성인 남자의 경우는 뉴스나 시사 프로그램이 방송될 때 사회 비리 혹은 고발성 기사를 보면서 극도의 흥분 상태를 느끼고 때로는 한탄과 신음 소리를 내면서 흥분된 상태를 발산하는 모습이 여기에 포함되고, 주부들의 경우는 텔레비전 드라마에서 설정된 배경들을 마치 현실의 모습으로 착각하여 흥분하거나 속상해 하고, 슬플 때는 눈물까지 흘린다. 동네 주부들끼리 모여 앉아 드라마의 줄거리를 이야기하며 '너는 이럴 때 어떻게 할 것인가', '세상에 그렇게 못된 시어머니가 있다니' 등 흥분하여 수다를 떨기도 한다. 드라마의 악역으로 등장하는 사람이 길을 가다 낭패를 당하는 경우도 바로 이런 시청 형태 때문에 일어나는 일이다.

'주말 중독증'

주말 중독증은 주중 평일에는 텔레비전을 거의 시청하지 않다가 주말만 되면 몇 편의 비디오와 함께 아예 신문의 주말 텔레비전 편성표를 앞에 놓고 하루종일 텔레비전을 끼고 보내는 시청자들이다. 특히 이러한 유형에는 직장인 남자들이 대부분을 차지한다.

주말 중독증 현상은 우리나라의 많은 가정에서 겪고 있는 증상이다. 주말의 경우 교통난 때문에 야외로 나가지 못하거나, 혹은 주중에 일에 치여서 일요일만큼은 집에서 푹 쉬고 싶은 것이 오늘날 직장인들 대부분의 모습이다. 따라서 이들 직장인들은 하루종일 비디오와 스포츠 중계를 보면서 주말을 보낸다. 그런데 문제는 그들의 아이들도 똑같은 중독증에 걸린다는 점이다. 아이들도 부모가 밖에 나가지 않으면 대부분 집에 같이 있기 때문에 사실상 부모와 같이 하루종일 텔레비전을 시청하는 꼴이 된다.

　이런 시청자들의 공통된 현상은 대부분 일요일 저녁 밤늦게까지 드라마와 영화를 보고 잠자리에 들기 때문에 월요일 아침에는 몸이 개운하지 못한 '월요병'에 걸린다는 점이다.

'우연 시청형'

　이 경우는 특정한 프로그램을 선택해서 보는 것이 아니라 한 채널이 재미없으면 다른 채널로 돌리고, 또 그 채널이 재미없으면 다른 채널로 돌리는 등 여러 채널을 옮겨 다니면서 텔레비전을 시청하는 형태와 남이 텔레비전을 보니간 나도 본다는 식의 부화뇌동형 텔레비전 시청 형태이다.

　채널을 이리 저리로 옮겨가면서 TV를 시청하는 형태는 주로 아이들에게 자주 나타나는 현상인데 아이들에게 리모콘이 쥐어지면 장난으로 자주 돌려보기도 하고 아주 관심 깊은 프로가 아니고서는 한 프로에 장시간 집중하지 못하기 때문에 수시로 채널을 돌리게 된다.

　부화뇌동형 시청 형태는 언니가 보는 프로그램을 동생이 무작정 보게 되거나, 저녁 늦게까지 부모들과 함께 어린이들이 무작정 프로그램을 따라 보는 경우이고, 또한 할머니가 켜 놓은 TV를 별 생각 없이 그냥 보는 경우도 여기에 속한다.

　이러한 현상은 최근 몇 년동안 대부분의 텔레비전 수상기가 손을 잡아서 돌리는 로타리식이 아닌 리모콘식으로 바뀌면서 나타난 형태라고 할 수 있고, 또한 기존의 KBS, MBC, SBS의 경우 프로그램 편성이 같은 시간대에 비슷한 프로그램으로 맞 편성하는 '띠 편성'이 주류를 이루고 있어 리모콘으로 비교하면서 보는 시청 습관을 갖게 된 데 기인한다. 이러한 우연 시청 형태는 앞으로 27개 채널의 케이블TV에 가입한 시청자들이 늘어날수록 더욱 빠른 속도로 증가해 대부분의 시청자들이 5분 또는 더 빠른 시간 간격으로 채널을 돌리면서 시청할 것으로 예상된다.

'갈등형'

갈등형은 오랜 텔레비전 시청으로 인하여 자신의 할 일을 제대로 하지 못하거나, 가족간의 대화가 단절되는 것을 알면서도 차마 텔레비전 시청을 끊지 못하는 중독 현상이다. 즉 늘 보는 프로그램이기 때문에 타성에 젖어 TV를 본다거나, 텔레비전을 보면서 집안 일을 하기 때문에 능률이 떨어지고, 식사시간에 텔레비전을 봐 남편과 대화가 단절되는 것에 대해 속이 상하는 현상을 말한다.

이런 시청 형태는 주로 고학력 중 상류층의 가정에서 많이 보여지고 있는 모습으로 교육을 통하여, 혹은 몸소 경험에 따라서 오랜 텔레비전의 시청이 자신에게나, 가족들 특히 어린이들에게 나쁘다는 것을 알면서도 텔레비전을 안보면 왠지 허전함을 느껴 자신도 모르게 TV를 시청하는 경우를 말한다. 하지만 이내 후회를 하는 갈등형이다.

위와 같은 유형 이외에도 외국의 R. Smith라는 학자는 1988년 TV 중독증의 특성에 대해서 12가지를 발표하였다. 이 목록들도 자신이 과연 TV 중독증에 걸렸는지, 안 걸렸는지를 판별하는 좋은 기준이 될 것이다.

첫번째, 텔레비전이 자신에게 진정제 기능을 한다.

두번째, 텔레비전 시청이 자신에게 만족을 가져다주지는
　　　　않는다.

세번째, 무엇을 보아야 할지 모르는 상태에서 프로그램을
　　　　선택한다.

네번째, 중독자들은 스스로 TV 시청을 통제할 수 없다고
　　　　느낀다.

다섯번째, 중독자들은 시간 소비에 대한 개념이 없다.

여섯번째, 텔레비전이 자신의 삶에 의미와 목적을 제공해
　　　　준다.

일곱번째, 중독자들의 생활 반경은 텔레비전 수상기 주위
　　　　로 세팅된다.

여덟번째, 중독자들은 스스로 텔레비전을 너무 많이 본다
　　　　고 느낀다.

아홉번째, 중독자들은 그런 자신에 대해 스스로 화가 난다.

열번째, 텔레비전으로부터 멀어지면 다시 돌아갈 때까지
　　　기다리지 못한다.

열한번째, 텔레비전 시청을 그만두려고 하지만 실패한다.

열두번째, 텔레비전을 그만 보려고 애쓸 때 심리적으로 회
　　　수 증후군(예를 들면 허탈감)을 경험한다.

12. 그렇다면 TV를 꺼 버려야 할까?

대부분의 성인들은 TV가 어린이들에게 나쁜 영향을 준다
고 믿고 있다. 쇼 프로그램의 선정적이고 현란한 몸짓과 코미
디 프로그램의 저질 대사들, 그리고 불륜과 사랑 타령으로 일
괄하는 드라마와 각종 외국의 폭력 프로그램들이 어린이들에
게 나쁜 영향을 마친다고 생각하고 있다. 따라서 자녀들이 아
예 TV보는 것을 원천적으로 막고, 일부는 'TV를 *끄자*'고 외
치고 있다.

물론 이런 부모의 입장에는 어느 정도 이해가 간다. 사실
현재 TV에서 방영되는 프로그램들은 대부분이 어린이용이
아닌 성인용이고, 내용 또한 일부 프로그램들은 아이들이 보
기에 많은 문제점을 안고 있기 때문이다. 하지만 한 발짝 뒤
로 물러서서 생각해 보면 대부분의 부모들은 오직 한가지 이

유인, 'TV 시청이 공부에 방해가 된다' 는 것만으로 TV 시청을 막고 있다. 프로그램의 유익함과 유해함을 떠나서 무조건 TV 시청을 못 마땅해 하고 있다.

이런 부모들의 고정관념은 잘못된 인식이다. 이미 TV는 우리 생활 속에 깊숙이 들어와 있어 싫든 좋든 평생을 함께 살아가야 할 가장 중요한 정보원이자 오락 매체이다. TV를 못 보게 하거나 꺼 버린다고 해서 문제가 해결되지는 않는다. 아이들에게 TV를 보지 말라고 다그치면 그에 대한 반발로 아이들은 더욱 TV의 나쁜 점을 탐닉하게 되는 역효과를 발생하게 된다. 또 TV를 보지 않는 아이들은 학교에 가서 다른 아이들과 어울릴 수가 없다. 대화가 통하지 않는다는 것이다. 텔레비전을 무조건 꺼 놓았던 집안의 부모들이 바로 이런 문제 때

서울 YMCA 시청자운동본부가 펼쳤던 TV끄기 운동.

문에 자녀가 학교에 들어가면서부터 심한 갈등을 겪는 것은 흔한 사례이다.

그러므로 오히려 TV의 긍정적인 면을 부각시켜 가정과 학교에서 적절하게 어린이 TV 시청 교육을 실시하는 것이 바람직하다고 주장하는 학자들도 많다. TV는 어떤 교육 매체보다도 뛰어난 기능을 발휘할 수 있는 잠재력을 갖고 있기 때문이다. 요즘 학교에서 각 학급마다 한 대씩 텔레비전 수상기를 비치해 놓고 있는 것만 보아도 TV를 끄기보다는 응용해야 한다는데 의견이 모아지기 때문이다. 그러므로 부모들은 우선 TV가 어린이들에게 무조건 '나쁜 것' 이며 '백해무익하다' 라는 고정관념을 버리는 것이 어린이들을 위한 TV 시청 교육의 첫번째 지표가 된다는 점을 알아야 할 것이다.

적당한 TV시청, 올바른 TV 시청 교육과 자세, 그리고 양질의 프로그램의 선택과 시청은 아이들에게 있어서 TV보다 더 좋은 교육적인 매체는 없을 정도로 아이들 교육에 좋다는 것이 학자들의 공통된 말이다. 즉, 학습 면에서는 비록 간접적이지만 다양한 경험을 접촉하게 함으로써 학습의 흥미를 높이고, 학습 동기를 유발하여 학습을 강화시킬 수 있다.

아이들은 TV를 통해 지구촌 어디에도 갈 수 있고, 각 지역과 나라마다 다른 다양한 풍습들을 접할 수 있다. 또한 자연 다큐멘터리는 바닷속 신비, 설원의 웅장함, 북극의 빙산 등 자연의 각종 신비스러운 모습을 안방에서 시청하여 어린이들의 왕성한 호기심을 채움은 물론 상상력의 날개를 펼 수 있게 만들어 준다.

또한 아이들은 아나운서들의 입모양을 통하여 말하는 법을 배우고, 코미디를 통해 유행어를 배운다. 배우나 출연진들을 통해 옷차림새를 배우고, 쇼프로그램을 통해 요즘 유행하는 가수를 알게 되고, 어떤 노래와 춤이 유행되고 있는가를 알게 된다. 그리고 드라마를 통해 남녀의 역할에 대해서 배우고, 외화수사물을 통해 어떤 사람이 악한이고, 어떤 사람이 선한 사람인가를 알게 된다.

그러나 어린이들의 학습에 가장 결정적으로 나쁜 영향을 미치는 텔레비전의 해독은 바로 독서 습관에 있다. TV는 영상 매체이다. 책을 읽을 때처럼 장시간 앉아서 집중을 해서 글을 이해하지 않아도 된다. 그저 가만히 TV앞에 앉아 있으면 들을 수 있고, 볼 수 있고, 느낄 수 있다. 이러한 편리함 때문에 많은 아이들이 독서보다는 TV 시청하기를 즐긴다. 사실 이 점이 가장 염려되는 점이다. 책을 읽고 이해하는 능력의 부족은 장기적으로 학습에 나쁜 영향을 준다. 따라서 대부분의 부모들이 무조건 강압적으로 TV를 못 보게 하는 경향이 있는 데 이는 잘못된 행동일 뿐 아니라 별 효과도 없다.

오늘날의 우리 아이들은 과중한 학교교육과 과외 공부로부터 심한 스트레스를 받고 있는 것이 사실이다. 신문 보도에 의하면 우리의 아이들은 부모들의 지나친 교육열 때문에 많

은 스트레스를 갖고 있고, 이로 인해 죽고 싶다고 말할 정도
라고 한다. TV는 어린이들이 가장 좋아하는 매체로서, 과도
한 공부의 스트레스를 풀 수 있는 긍정적인 매체인 점도 감안
하여 부모들의 현명한 TV 시청 교육이 필요할 때이다.

13. TV는 가장 훌륭한 유아들의 보모이자
가정교사다

TV에 대한 잘못된 고정관념과 함께 또 한 가지 부모들의
TV에 대한 잘못된 인식은 바로 어린이들을 위한 TV 시청
교육에 무관심하고, 아예 배우려고 하지도 않는다는 점이다.
자녀들의 과외공부를 위해서는 수십, 수백만원을 투자하면서
TV를 바로 알고, 올바른 시청 교육을 위한 지식 습득에는 인
색하다.

대부분의 부모들이 막연하게 TV의 과다 시청이 어린이들
에게 나쁜 영향을 줄 수 있다는 것은 알지만 구체적으로 어떻
게 아이들에게 나쁜지, 어떻게 시청 교육을 시켜야 할지를 알
지 못한다.

어떤 경우에는 많은 부모들이 TV를 아이 보기용으로 이용,
일부러 어린 자녀를 TV앞에 앉혀 놓는 일도 많다. 한 통계에

의하면 일본의 경우 출생 후 1개월에서 1년까지 유아들 중 50%가 텔레비전 앞에 하루에 1시간 2분을 앉아 있는 것으로 나타났다. 이렇게 유아들이 많은 시간을 TV 앞에 앉아 있는 이유에 대해 그 조사는 3가지 이유를 들고 있다.

첫째 TV는 그 어떤 보모보다도 아이들을 잘 돌봐 주기 때문이다. 아기 엄마들은 아이가 울 때 텔레비전을 틀어 주면 울음을 그치고 텔레비전을 쳐다보는데 몰두한다는 것을 알아차린 것이다. 그 사이에 엄마는 집안 일을 할 수 있다.

둘째는 아기가 한 살이 되면 TV보는 것을 즐기게 되어 90%가 채널을 돌리는데 익숙하다는 것이다. 화면의 움직임에 반응을 나타내거나 TV에서 나오는 노래에 맞추어 동작을 취하기도 하기 때문에 이를 보고 부모들은 우리 아이가 음악에 타고난 재능을 가진 아기라고 생각하기도 하고, 드라마의 대사를 몇 마디 따라 한다고 해서 머리가 비상할 것이라는 판단 때문에 오히려 TV보는 것을 장려한다는 점이다. 이 때가 되면 2시간 이상이라도 TV 앞에 앉혀 놓는다는 지적이다.

셋째는 현재 일본의 가족 구조에 그 이유가 있다. 즉 오늘날의 일본 가정은 조부모가 함께 살지 않는 핵가족 제도일 뿐만 아니라 형제 자매가 많지 않아 생기는 의사 소통의 상실감을 TV가 대신 맡아서 어린이들과 친근한 말동무가 되기 때문이라는 지적이다.

위의 예는 일본의 이야기지만 사실 우리나라 가정에서의

모습도 크게 다르지 않다. 우리나라에서도 TV는 어느새 부모들을 대신할 수 있는 가장 좋은 보모 역할을 하고 있는 것이다. 자녀의 나이가 어렸을 때는 텔레비전을 보모로 너무 많이 활용하고 학교를 다니면서부터는 정반대로 지나치게 텔레비전을 꺼 버리는 이중적인, 그리고 무원칙적인 부모의 인식과 행동이 바뀌지 않는 한 TV는 어린이들을 영원히 바보로 만드는 '바보상자'로서 계속해서 그 맹위를 떨칠 것이다. 한시라도 빨리 부모들의 TV 시청 교육에 대한 깨어있는 의식이 필요하다.

제2장

텔레비전과 스타신드롬

1. 스타에 열광하는 10대들

1996년 1월 10대들에게 충격적인 사건이 터졌다. 바로 인기그룹 '서태지와 아이들'이 전격적으로 가요계 은퇴를 결심하고 일체의 방송 활동을 중단하고 사라져 버린 것이다. 성인들이 생각하기에는 한낱 가수 한 명이 은퇴를 하는구나 라는 단순한 사실이겠지만 서태지와 아이들을 좋아하는 10대들에게는 청천벽력이 아닐 수 없었다.

이들의 충격은 곧장 행동으로 나타났다. 10대들이 가장 많이 이용한다는 PC통신에 서태지 은퇴에 따른 토론방이 개설되고, 하루종일 서태지의 "은퇴를 번복하라"는 호소와, "그럴 줄 몰랐다", "음반을 팔아먹기 위한 수작이다"라는 애증의 비난이 쏟아졌다.

그리고 좀더 극성팬들은 아예 서태지가 전에 살던 연희동 집에 몰려가, 서태지의 최신 히트 노래인 「컴백홈」을 외쳐 댔고, 저지하는 사람을 밀쳐 내고 집으로 들어가 소란을 피우기도 했으며 무작정 서태지가 올 때까지 기다리기도 했다. 더 극성팬들은 만약 서태지가 은퇴한다면 자살 클럽을 결성하겠다고 까지 말할 정도이다. 이 정도면 단순히 한 사람의 스타를 좋아하는 정도가 아닌 히스테리 증세라고 할 수 있다. 그리고 그것이 집단적으로 일어난다는 점에서 관심을 가질 필요가 있다.

30대 40대 부모들은 이러한 모습을 보고 우리 아이는 그러기 않겠지라고 생각할지 모르지만 그것은 오늘날의 아이들을 잘 모르는 생각이다. 실제 나타나는 행동에 있어서 약간의 차이가 있을 뿐이다. 오늘날 초등학교 한 반에는 커서 서태지의 부인이 되겠다고 하는 아이들이 열 명도 넘는다고 할 정도이다.

이들에게 있어서 서태지와 아이들은 하나의 꿈이자 희망이고, 우상이기 때문에 만약 그들이 은퇴를 한다면 자신의 꿈과 희망이 사라지

은퇴하면 자살까지 하겠다는
열광적인 10대 팬을 가지고 있었던
'서태지와 아이들'의 CF.

는 것과 같은 충격을 느낀다. 그러한 정신 상태에서 집에 몰려가 눈물을 흘리거나, 충격을 받아 기절을 한다거나, 좀더 심하면 자살하겠다는 말까지 나오는 것은 당연한 현상이라고 할 수 있다.

청소년 단체인 [청소년 대화의 광장]에서 95년 4월 전국의 초중고교생 2천2백86명을 대상으로 스타에 대해서 어떻게 생각하는가에 관한 조사한 결과는 자못 흥미롭다.

먼저 청소년중 94.4%가 스타를 좋아한 경험이 있다고 대답했고, 방송국이나 경기장, 팬레터 보내기, 심지어는 스타의 집을 방문한 경험이 있는 오빠부대는 약 4%로 나타났다. 좋아하는 스타는 가수(37.7%)가 가장 많았고, 다음이 탤런트, 농구 선수로 나타났다. 스타를 좋아하게 된 계기는 82%가 텔레비전을 보고 난 후라고 대답하여 TV에 대한 영향이 압도적임을 나타냈다.

또한 스타를 좋아하기 시작한 시기에 대한 응답은 초등학교 시절이 81%로 압도적이고, 다음이 중학교시절이 40%로 나타나 이제 초등학교 고학년만 되면 스타들을 좋아하는 것으로 나타났다.

스타들이 나오면 괴성을 지르거나 우는 등 과격한 행동에 대해서는 56%가 너무 지나친 행동으로서 좋지않다라고 응답했지만 감정 표현 방식으로 이해할 수 있다, 스트레스 해소에 좋다라고 38%가 응답하여 긍정적으로 평가하고 있는 아이들도 많다는 것을 알 수 있다.

이같은 조사 결과에 의하면 광적으로 스타를 좋아하고 직접 행동으로 나타내는 것이 지나친 행동이라는 것을 대부분의 10대들이 알고는 있지만 한편으로는 그렇게 행동하는 것에 대해 이해를 한다는 점이다.

이러한 결과를 보고 일부의 사람들은 혀를 차면서 말세론을 말할지 모르지만 그 일차적인 책임은 우리 사회에 있다고 할 수 있다.

2. 10대를 위한 쇼, 오락 프로그램

그리 오래된 현상은 아니지만 이제 쇼 프로그램에서 10대들이 없으면 프로그램이 안된다는 말이 나올 정도로 그들이 차지하는 비중은 절대적이다. 우선 10대들이 쇼 프로그램의 주 시청자로서 방청객으로 나와 괴성을 지르거나, 환호를 질러야만 이 프로그램 분위기가 살기 때문이다. 과거의 간판 쇼 프로그램인 「쇼쇼쇼」, 「토요일 토요일 밤에」의 경우 10대들을 주 시청자로 하지는 않았다. 오히려 20-30대 시청자와 프로그램 구성에 따라 30-40대 시청자들이 대상이었다.

하지만 언제부터인가 모든 쇼 프로그램들은 10대만을 위

가수 조용필이라는 걸출한 스타가 배출된
이후 각 방송사들은 본격적으로 TV 스타를
만들기 시작했다.

한 프로그램으로 만들어지기 시작했다. 그 때가 가수 조용필
이 한참 이름을 날리던 시절이었다. 조용필만 나오면 많은 팬
들이 환호하기 시작했고, 확실한 시청률을 기록했던 것이다.
그 이후부터 방송사는 사활을 걸고 스타를 만들기 시작했다.
비단 쇼프로그램을 위한 스타들뿐만이 아니라 코미디, 드라
마 등 모든 오락 프로그램에서 스타를 만들기 시작했다. 그리
고 방송사는 스타를 만들고 전속제라는 이름으로 다른 방송
사에 가지 못하게 스타들의 발목에 자물쇠를 채워 놓았다.
　스타들도 나름대로 이러한 방송사의 의도에 맞게 모든 것

을 준비한다. 오히려 예비 스타들은 어느 정도 인기를 얻을 때까지는 방송사의 도움이 절실하다. 한번이라도 프로그램에 더 나가 한 마디라도 더 해야만 10대들에게 인기를 얻고, 인기를 얻어야 만이 한번에 몇 억을 받을 수 있는 CF에 출연할 수 있기 때문이다. 사실 방송사 출연료는 그렇게 많지 않다. 신인급 스타들이 한번 방송 프로그램에 출연하였다면 10만원도 채 안되는 출연료를 받는다. 그 정도면 의상비도 안 나오는 금액으로 주 수입원은 광고와 CF에서 올린다. 요즘 한번 떴다, 인기를 얻었다 하면 CF 단 한 편에 억 단위가 넘어간다.

따라서 스타들의 매니저들은 줄기차게 방송사의 간부와 PD들을 쫓아다니고, 졸라대고 뇌물조로 금품이 오고 간다. 이러한 현상은 방송사 주변에서 일반적인 관행으로 자리잡고 있는 실정이다.

방송사에서 한명의 스타를 만드는 것은 그렇게 어렵지 않다. 특출한 스타로서의 자질이 없어도 된다. 일단 수려한 외모와 작은 TV화면에 어울리는 외모만 갖추어져 있으면 된다. 물론 각 분야에서 자질은 기본이다. 드라마 연기자는 연기를, 가수는 노래를 잘해야 한다. 또한 코미디언은 유머와 위트, 코미디 연기를 잘해야 한다.

일단 기본적인 자질만 있으면 그 다음은 방송사의 결정에 따른다. 방송사 나름대로 앞뒤를 다 재어 보고 과연 스타로 만들 것인지를 결정한다. 사실 스타가 되느냐 마느냐는 이 때가 가장 중요하다. 일단 방송사의 결정이 내려지면 스타를 만드는 것은 어렵지 않다. 한번 '뜬다' 라고만 하면 코미디, 쇼, 퀴즈, 심지어는 라디오 프로그램에서까지 벌떼 같이 달려들어 출연 요청을 하기 때문이다. 스타가 만들어 지는 것은 단 몇 개월이면 족하다.

그런데 문제는 스타가 되고 난 다음이다. 철저한 실력의 뒷받침 없이는 계속 스타라는 자리를 유지하기 어렵다. 그 때가 되면 대부분의 스타들은 방송사의 전속제에서 빠져나오려 한다. 그리고 방송사는 계약을 연장해서라도 스타를 잡으려 하고 그 과정에서 다시 고액의 출연료가 흥정이 된다. 몇 십만 원의 출연료가 이제는 수백만원으로 올라간다. 각 방송사도 다른 방송사의 스타들을 모셔오기 위해 혈안이 되어 있다.

이러한 과정 속에서 대부분의 스타들은 한번 반짝이다가 사라지곤 한다. 실력이 없고, 그 활용 가치가 떨어지고, 참신성이 없어지면 방송에서 그는 도태되고 만다. 그때의 기분을 스타들은 하늘의 구름과 바람 속에 있다가 지상으로 추락하는 기분이라고 한다. 그 때 스타들은 심한 심리적인 충격을 경험한다. 그 충격을 견디다 못해 많은 스타들이 마약에 손을 대고, 더욱 견딜 수 없으면 자살을 택하게 된다. 한 명의 스타가 태어나고, 사라지는 과정에서 스타 자신보다도 더 많은 피해를 보는 것이 시청자들, 즉 그들을 맹목적으로 좋아하는

10대들이다.

물론 10대들이 '서태지와 아이들'에 대해 이렇게 정신병적인 행동으로까지 이르게 된 것은 학교교육, 가정교육 등에도 그 이유가 있지만 더 큰 이유는 바로 방송사에 있다. 처음 10대들에게 스타를 보여준 것도 방송사이고, 그들의 노래와 춤, 의상, 무대 매너 등 모든 것을 10대들에게 겨냥한 것도 방송사이며, 그 인기를 계속 누리게 해 준 것도 방송사라는 것이다. 한 명의 스타가 만들어지고, 그 인기를 유지하고 사라질 때까지 모든 것을 조장하는 것이 바로 방송사의 거대한 시스템이고, 그 속에서 10대들은 희생양이 되는 것이다.

3. 불안정한 10대, 안주할 곳이 필요하다

10대들을 가리켜 "럭비공 같다"라는 말을 한다. 언제 어떻게 어떤 방향으로 튀어 나갈지 모른다는 뜻에서 붙여진 이름이다. 행동과 사고를 예측할 수 없을 정도로 그들은 심리적으로 매우 불안정한 상태에 있다.

10대가 되기 전까지는 사실 부모의 슬하에서 아무런 고민도 없이 자라났다. 하지만 초등학교 고학년이 되면서 서서히 부모의 간섭이 싫어지고 혼자 독립적인 행동을 하려 한다. 하지만 과연 어떻게 행동을 해야 할지 대부분 방황을 하게 된다. 서서히 사회에 대한 눈을 뜨지만 막상 혼자서 사회로 나간다는 것이 그들에게는 매우 두렵게 느껴진다. 마치 황야에 홀로 서있는듯한 무력감, 불안감과 외로움을 느낀다는 점이다.

특히 공부 잘해서 좋은 대학을 가야 한다는 공부 스트레스와 입시 공장으로 전락한 중·고등학교의 학교 수업은 아이들의 마음을 진정시키기는커녕 오히려 학교에 가면 더욱 심리적으로 불안하게 만드는 것이다.

그 속에서 10대들은 누군가 의지할 사람을 찾고 자신의 불안감과 스트레스를 탈출할 수 있는 곳을 찾는데 그런 그들에게 가장 먼저 눈에 들어오는 것이 TV 속의 스타들이다. 잘생긴 외모, 10대 취향의 의상과 헤어스타일, 거기에 세련된 행동 등 TV 화면에 보여지는 모든 것들이 10대들의 감성과 정서에 꼭 맞게 보여진다는 것이다.

10대들은 곧 그들에게 빠져 버리고 자신의 우상으로 만든다. 그 때가 되면 자신이 좋아하는 스타가 나오는 프로그램은 빠지지 않고 보게 되고, 커다란 스타의 전면 사진이 방 한가운데에 가족 사진 대신 걸려진다. 그리고 좀더 열성적이면 팬클럽에 가입하고, 콘서트를 보러 가고, 방송국 공개홀에 몇 시간씩 서서 기다리거나, 직접 스타의 집에 찾아간다.

이러한 10대들을 어른들은 이해하지 못한다. 신문을 비롯한 여론도 마치 큰일난 것처럼 떠들지만 그것은 성인들의 시각에서 바라본 잘못된 생각이다. 왜 '뉴키즈 온 더 블럭'이라는 미국의 그룹이 와서 공연을 했는데 수십 명의 팬들이 기절을 했는지 그 원인을 꼼꼼히 생각해 보아야 한다. 그리고 그 이해의 출발점은 바로 그들이 철저한 TV와 영상 시대에 태어나서 자란 인물이라는 점이다.

4. TV, 영상 세대인 10대 이해하기

지금은 그 프로그램이 없어졌지만 10대 대상 프로그램으로 MBC에 「이야기쇼 만남」이라는 프로그램이 있었다. 가수 이수만씨가 사회를 보는 프로그램인데 청소년들을 대상으로 다양한 설문 조사를 하여 그들의 심리와 정서를 알아보고, 직접 그들을 방청객으로 초청하여 진행하는 형식이었다. 이 프로그램에서 우리가 눈여겨 보아야 할 것은 프로그램 내용이 아니라 무대 세트와 TV 화면을 구성하는 그림들이다. 즉 화면에는 출연자들의 모습도 보이지만 화면 아래 작은 화면이 하나 더 있어 10대들이 좋아하는 뮤직 비디오를 계속 틀어 주기도 하고 문자 방송을 삽입하여 시청자들에게 퀴즈를 내보내기도 한다. 물론 이같은 화면은 본 진행하고는 하등 관계가 없는 것이었다.

이러한 현상에서 우리가 이해할 점은 10대 들은 한번에 한 가지만 할 수 있는 것이 아니라 한번에 2-3가지가 가능하다는 점이다. 즉 음악을 들으면서 춤을 추면서 공부를 할 수 있고, 뮤직 비디오를 보면서 퀴즈도 풀 수 있고, 뮤직 비디오 그 자체로도 즐긴다는 점이다.

기성세대들이 언뜻 생각하기에는 이해가 안되는 대목이다. 어떻게 한번에 두 가지 일을 할 수 있을까 라고 생각할 지 모르지만 10대들은 가능하다. 바로 어렸을 때부터 리모콘으로 이리저리 돌려가며 자신이 좋아하는 프로그램을 보아 온 습관이 들었기 때문에 가능한 것이다.

80년대 초만 해도 우리나라 TV세트는 대부분이 로터리식이라고 하여 손으로 직접 TV세트 앞에 가서 채널을 돌리는 식이었다. 그 때는 비록 프로그램이 재미가 없더라도 TV앞에 가서 채널을 돌리기 귀찮아 자주 채널을 돌리지 못했다. 하지만 센서가 개발되고 리모콘이 개발되면서 TV 시청 방법은 획기적으로 바뀌기 시작했다. 즉 가만히 앉아서 재미있는 부분만을 골라서 시청할 수 있게 된 것이다. 리모콘은 비단 TV 뿐만이 아니라 모든 가전제품에 응용이 되어 보다 편리하게 쓰여졌다.

지금의 10대들은 바로 그런 TV적 환경에서 자라났다. 앉아서 편리하게 모든 것을 해결하는 습관이 든 아이들에게 한번에 두세 가지 일을 동시에 하는 것은 극히 자연스러운 것이 되었다. 그래서 또한 그들은 귀찮고, 재미없는 것은 참지 못하는 성격이 되었다. 코미디 프로그램의 경우 30초에 한번씩 웃기지 않으면 가차없이 채널이 돌려졌고, 쇼 프로그램도 자신이 좋아하는 가수가 나오지 않으면 가차없이 채널은 돌려졌다.

또 한가지 리모콘 세대들에게 TV가 준 영향은 바로 모든 문제를 단순화시켜서 보여줌으로써 10대들의 의식구조를 단순화시켰다는 점이다. TV 속의 세계는 모든 문제가 단순하고 명쾌하게 해결이 된다. 복잡한 것이 전혀 없다. 폭력이 있으면 폭력으로 응징하고, 가족 내의 갈등이 있으면 대부분 가족간의 따뜻한 사랑으로 해결이 된다. 모든 문제가 질서 정연하다. 마치 TV 프로그램만 본다면 세상은 모두 아름답고, 범죄도 없다. 달동네는 아름답기만 하며, 우리사회에는 고통받는 사람들도 없다. TV는 세상을 살 만한 곳이라고, 문제가 있지만 곧 해결되는 단순한 곳으로 이해시킨다.

하지만 현실은 그렇지 않다. 지극히 많은 문제가 산적해 있고, 사랑과 믿음보다는 갈등과 불신이 더 많다. 세상 어려운 줄 모르고 자라난 어린이들이 커서, 막상 사회에 나와 세상의 참모습에 부딪쳤을 때는 좌절을 하거나, 실의와 방황에 빠지게 된다. 사회 문제에 관해 심사숙고할 기회를 갖지 못하고, 우리사회를 전체적으로 관망할 줄 모른다. 그러한 과정 속에서 10대들은 더욱 단순하고 편안하고 쾌락적인 것만을 추구하는 것이다. 매년 가출 청소년들이 증가하고, 본드흡입이 늘어나고 있다는 점은 생각해 볼 일이다.

5. '벗는' 것은 안돼도 '때리는' 것은 되는 우리나라 TV

대부분의 PD들은 폭력을 자주 사용한다. 프로그램 내용에 따라서 전혀 폭력이 필요 없는 경우를 제외하고는 많은 프로그램에서 폭력은 단골 소재가 된다. 폭력은 나라와 인종, 언어를 초월한 가장 인간적인 모습으로 대화로써 설명하지 못하는 제작 의도를 가장 적절하게 표현해 주고, 가장 설득적으로 시청자들에게 전달한다. 또한 폭력은 프로그램의 핵심 요소인 갈등의 모습을 가장 잘 표현해 줌으로써 프로그램 끝에 승자와 패자를 확실하게 설명해 주고, PD는 자신의 제작 의도를 다른 어떤 수단보다도 시청자들에게 확실하게 전달할 수 있다.

그러나 프로그램 속에 폭력이 등장하는 가장 큰 이유는 바로 시청자들의 시선을 사로잡는 더 좋은 방법을 그들이 알지 못하기 때문이다. 시청률을 확보하는데 폭력은 필수적인 요소인 것이다. 폭력 장면이 나오면 아이들이나 어른 할 것 없이 모두 화면에서 눈을 떼지 못한다. 잔인한 폭력이 행사될 때면 시청자들은 겁에 질려 감정에 심한 충격을 받지만 동시에 거기서 벗어날 수 없는 강한 마력을 동시에 느낀다.

폭력과 함께 시청자들의 시선을 붙들어 매는 또 하나의 요소가 바로 성이다. 그러나 우리나라는 음란물이나 성에 대한 규제가 무척 엄격하게 적용된다. 가족 시청 시간대에 여성의 상의를 조금 벗기거나 남녀간에 정사를 연상할 수 있는 침대 장면 등이 나오면 방송국으로는 전화가 빗발친다. '벗기기'가 쉽지 않다는 뜻이다.

반면 우리 사회는 폭력에 대해서는 관대하다. 왜 그럴까, 많은 사람들이 그 원인을 우리 사회와 가정에 오랫동안 뿌리박혀 온 유교의 영향으로 보고 있다. 유교적 사고에서 성은 철저히 감추었지만 폭력은 어느 정도 그 필요성을 인정했던 것이 사실이다. 우리나라는 특히 옛날부터 끊임없이 외세의 침략을 받아 폭력은 자기 방어의 수단으로서 때로는 절실한 필요성을 갖고 있었기 때문이다. 따라서 우리 사회는 폭력적 해결 방식이 위법이라는 점은 알아도 그 해결 방법을 일정 정도 인정하였고, 그 방법에 익숙해졌다.

이런 현상은 비단 우리나라만이 가지고 있는 독특한 상황은 아니다. 인류 역사상 인간들은 폭력을 문제 해결의 수단으로 사용하였고, 그 수단에 매혹되어 왔다. 인간 자체가 생존을 위해 동물들과 싸우고, 자연과 싸우는 투쟁의 역사 속에서 진화되어 왔던 것이다. 옛날 영웅들은 모두 다 힘이 세고 용감한 장수들로서 이들은 당시의 많은 사람들에게 존경을 한 몸에 받아 왔다. 고대 그리스, 로마 시대의 운동경기는 바로 사람과 싸워서 서로 먼저 죽이는 형태의 것이었다. 그것을 보고 사람들은 흥분하고 열광했다. 그 폭력의 모습이 오늘날 그대로 전해 내려온 것이 바로 운동경기이다.

일부 심리학자들은 이렇게 인간의 내면 속에는 폭력적인 요소가 가득하고 그것이 언제든지 폭발할 가능성이 있다고 지적하고 있다. 특히 방송과 관련해서는 작은 화면 속에 담겨진 폭력의 모습이 인간들에게 그렇게 큰 영향을 미치지는 않을 것이라고 말하기도 한다.

아무튼 우리 사회에서 폭력이란 '어느 정도는 인정되고 있다'라는 전제를 알고 난 다음에 폭력 프로그램을 바라보아야 한다. 무턱대고 폭력 프로그램을 나쁘다고 말할 수는 없다. 극적 장치를 위해서 폭력이 사용되어야만 할 때도 있고 그것이 인간의 폭력 욕망을 대리 만족시키는 측면도 있을 수 있다. 그러므로 자녀들에게도 폭력 프로그램은 무조건 나쁜 것이라고 이야기하는 흑백 논리에서 벗어난 가르침을 주어야 한다. 우리가 폭력 프로그램에서 중점적으로 살펴보아야 할 점은 폭력이 필요하지도 않는 부분에서 폭력을 사용한다거나, 주먹으로 쳐도 될 것을 총을 사용하거나, 폭탄을 사용하는 자극적이고, 과장된 폭력 프로그램을 가려내야 한다는 점이다.

6. 범인 잡는 '경찰청 사람들'이 청소년에게 범죄를 가르친다

TV에서 폭력은 다양한 형태로 나타난다. 가장 대표적인 폭력 프로그램은 수사물이다. 뉴스에도 폭력이 있다. 사건 보도를 할 때의 언어 및 화면의 폭력(예전에 있었던 지존파 살인 행각과 관련된 보도들을 생각해 보라)은 오히려 심한 충격일 수 있다. 코미디나 드라마에서는 언어 폭력이 자주 등장하곤 한다.

리얼리티 프로그램

먼저 리얼리티 프로그램이란 작가의 상상에 의한 사건이 아닌 실제 일어난 사건을 재구성하여 만든 프로그램이다. 그동안 방영된 것들 중 대표적인 프로그램으로 「경찰청 사람들」, 「사건 25시」, 「병원 24시」, 「오변호사 배변호사」, 「긴급구조 119」 등을 들 수 있다. 이들 프로그램들은 모두 과거에 우리 사회에서 일어났던 각종 사건들을 소재로 다루었다는 점에서 그 어느 프로그램보다도 현실성이 뛰어난 프로그램이다.

하지만 문제는 이들 프로그램들 대부분이 우리 사회의 어두운 면인 강도, 사기, 강간 등 흉악한 범죄를 보여줌에 있어서 현실과 똑같이 보여주어 평범한시청자들로 하여금 범죄에 대한 경각심을 심어주는 것이 아니라 호기심 많은 아이들을 자극하여 모방 범죄의 충동을 느끼게 한다는 점이다. 특히 이들 프로그램에서 범죄의 재연에는 전문 탤런트가 아닌 아마추어 탤런트들이 등장하여 더욱 현실감이 높다라는 점에서 그 어느 프로그램보다도 폭력적이라는 비난을 받아 왔다.

물론 애초의 프로그램 기획 의도대로 경찰이 잡지 못한 범인의 얼굴이 방송에 나가자 수십 명의 범인을 잡았고, 나름대로 범죄에 대한 경각심을 시청자들에게 주었다는 긍정적인 면도 있지만 각 방송사의 시청률 경쟁으로 인해 가족 시청 시간대에 지나치게 잔인하고 폭력적이고 선정적인 장면을 자주 보여주었다는 비판을 면치 못하고 있다. 시민 단체들은 차제에 리얼리티 프로그램에서 범죄의 모습을 다룰 때 그 기준을 정해야 한다는 소리를 높인 바 있다.

외화 수사물에서의 폭력

그 동안 국내 방송사에서 방송한 외화는 대부분이 수사물이다. 몇 년 전까지만 해도 선풍적인 인기를 모아 맥가이버칼이라는 상품이 등장했을 정도로 유명한 「맥가이버」가 그 대표적인 프로그램이다. 최근에는 미국의 액션 배우인 척 노리스 주연의 「텍사스 레인지」, 전직 형사 출신의 주인공이 등장하는 「레니게이드」, 「슈퍼맨」 등 대부분의 외화가 악의 무리를 무찌른다는 내용을 담고 있다. 이 과정 속에서 악을 물리친다는 이유만으로 많은 폭력이 가해지고, 그 폭력은 정당화되었다.

뉴스 보도에서의 폭력

범죄 뉴스를 다룰 경우 자주 폭력적인 화면과 대사가 등장한다. 이는 뉴스의 진실성이라는 이름 아래 범죄의 현장과 범죄자의 진술을 여과 없이 그대로 보여줌으로써 나타난다. "압구정동 야타족들은 모두 내가 죽여야 한다. 그들을 못 죽인 것이 한이 된다.", "돈 있는 놈들, 잘난 놈들을 죽이려 했다."(지존파 인터뷰 내용 가운데) 이런 말들을 듣고 있는 국민들은 자신도 모르게 소름이 오싹 끼치는 것을 느낀다.

국회의원들이 서로 멱살을 잡고 주먹을 휘두르거나 욕을

하는 장면, 의원들이 책상 위를 뛰어다니거나 상대편에게 야유를 퍼붓고 반말을 하는 모습, 험악한 얼굴로 싸울듯이 상대방에 대해 삿대질을 하는 장면 등은 대표적으로 우리나라 뉴스가 자주 잡는 화면 가운데 하나이다.

물론 이러한 보도에는 시청자들의 알권리를 충족시켜 준다는 점도 있지만 문제는 각 방송사들의 시청률 경쟁이 지나쳐 좀더 자극적이고, 폭력적으로 뉴스를 구성한다는 점에 유의해 본다.

드라마에 나오는 언어 폭력

드라마의 경우는 최근 몇 년간 소재 선택뿐 아니라 대사나 장면에 있어서도 자꾸 더 자극적으로 채워져 가고 있다. 대표적인 예가 94년에 방송되었던 SBS드라마「작별」(김수현 극본)의 경우, 남편과 외도를 한 여자가 집에 쳐들어와서 딸을 인질로 잡고 칼을 목에 대는 장면과 "너 죽고 싶어 환장했지, 걱정마 죽여줄께, 이 나쁜 년" 등의 대사를 예로 들 수 있다.

KBS 2TV의「바람의 아들」에서 나온 대사와 장면을 한 가지 더 예로 들어보자. "이런 지미, 씨, 싸가지 없는 자슥아! 시방 뒈지고 싶어서 환장했냐!", "에이 싸가지 없는 새끼들, 썩을 놈의 새끼들" 운운하는 것과 국회의원 합동 유세장에서 양측의 선거원들이 각목을 휘두르며 머리와 배 등을 서로 때리는 장면 등이다.

　폭발적인 시청률을 기록했던 드라마 「모래시계」의 경우도 폭력을 현실감 있게 그리고 미화했던 내용은 청소년들에게 폭력에 대한 사용을 정당화시킬 수도 있다는 점이 지적되었다.

코미디 폭력

　코미디 프로그램인 경우는 부부 사이나, 가족간에 오가는 대사 중에서 독설과 야유, 부모님에 대한 반말 등이 자주 지적된다. 가족간에 행해지는 이런 말들은 아이들에게 그대로 전해져 가정 내에서 일상적으로 자주 사용되곤 한다. 아이들 생각에는 흉내를 내는 것으로 인해 상대방도 재미를 느낄 것이라는 판단이다. 이럴 때 아이들을 무조건 혼내 준다는 것은 현명하지 못한 방법이다. 오히려 그 혼내 주는 것이 어린이들에게 있어서 직접 느끼는 폭력이 될지도 모르기 때문이다.

　또한 코미디에 등장하는 폭력의 모습으로 범죄 집단을 그 소재로 하거나, 도박과 폭력, 살인을 주제로 한 영화를 소재로 재구성하여 만든다는 점을 지적할 수 있다. 거액의 판돈을 걸고 도박을 하는 장면, 총으로 죽이는 장면 등이 코믹하게 그려졌다는 점에서 그냥 웃고 넘어갈 수도 있지만 그러한 것들이 청소년들에게는 결국 폭력과 범죄 집단을 미화하는 것으로 비칠 수도 있다는 우려이다.

만화에 등장하는 폭력

지금의 성인들이 어렸을 적에 보았던 만화들은 폭력이 그렇게 많이 등장하지는 않았다. 하지만 「마징거 Z」 이후의 대부분의 일본의 로보트 만화들은 그 폭력의 정도가 성인 폭력물과 대등한 정도를 나타내고 있고, 95년도 한 해만 해도 방송위원회는 「코 난」, 「거북이 특공대」, 「출동 마스크」, 「배트맨」, 「핑크 팬더」 등의 폭력 장면이 위험 수준이라고 경고한 바 있다.

7. 드라마 「모래시계」를 보고 카지노 게임을 즐긴 초등학교 어린이들

특수절도 전과가 있는 최모군(14세)은 MBC에서 인기리에 방영중인 「경찰청 사람들」에서 범인 2명이 여자 핸드백을 날치기하는 재연 장면을 보고 그대로 두번이나 따라 했다가 경찰에 잡혀왔다.

95년 초에 가장 인기 있었던 SBS 드라마 「모래시계」이후에는 각 중·고등학교에서 폭력서클의 수가 급증했다고 한다.「모래시계」에 등장한 정치 깡패 ‘태수’란 인물은 의리있는 비운의 사나이로 사랑에 자기 목숨을 건 멋있는 남성으로 그려졌다. 청소년들이 그를 모방하고 싶었음은 당연하다.

뿐만 아니다. 초등학생의 경우는 「모래시계」의 배경으로 등장했던 카지노 게임을 모방하여 문방구마다 카지노 게임판이 날개 돋친듯이 팔렸고, 고스톱 포커가 유행했다고 한다. 카지노 게임판의 경우는 지능개발이라는 미명하에 룰렛, 딜러, 칩 등 카지노 게임을 그대로 본 따서 만들어져 없어서 못 팔 정도로 상당한 인기를 모았다. 초등학교 고학년생들은 쉬는 시간이나 점심시간에 학교에서 친구들과 포커판을 벌였다고 한다.

물론 이같은 현상은 꼭 일반적이라고 말할 수는 없다. 많은 선량한 청소년들은 「경찰청 사람들」을 보면서 범죄에 대한 경각심을 키운다. 하지만 문제는 나쁜 결과를 유발한 소수의 집단이 이 사회를 어둡게 만든다는 데 있다. 이미 카지노 게임과 포커를 즐기는 어린이들의 의식구조에는 힘들게 일해 그 땀의 댓가로 버는 돈 말고 일확천금의 한탕주의로 돈을 벌겠다는 의식이 깔려 있다고 볼 수 있고 그것은 언제든지 범죄의 가능성을 내재하고 있는 것이다.

이런 현상은 비행 청소년일 경우 그 정도가 더욱 심하다. 95년 사법연수원의 강지원 교수가 10대 비행 청소년 1백35명을 대상으로 설문 조사한 결과에 의하면 비행 청소년들 중

63%가 'TV 폭력 장면을 보면서 모방하고 싶은 충동을 느꼈다'고 응답했고, 64.4%는 '혹시 다음에 필요할지 몰라 싸우는 모습을 상세히 관찰한 경험이 있다'고 응답했다.

폭력이 시청자들의 흥미를 끌기 위한 좋은 방법이라는 점과 비례하여 폭력을 더욱 실감나게 표현하고, 시청자들에게 느끼게 하기 위해 다양한 제작 기법이 동원되고 있다. 다양한 카메라 촬영과 음향효과, 특수효과 등이 그것이다.

뉴스 프로그램에 등장하는 실제적인 폭력 외에 각종 프로그램에 등장하는 만들어진 폭력이 단지 때리고 맞는 것으로만 구성된다면 시청자들은 그렇게 폭력에 대한 현실감을 느끼지 못한다. 연기자들이 아무리 실제로 싸우는 것 같이 한다 해도 그것은 어쩔 수 없는 가상이기 때문이다. 따라서 폭력에는 다양한 카메라 촬영기법과 음향효과, 특수효과가 등장한다. 제작진은 시청자들에게 폭력이라는 메시지를 전달할 때 단지 화면에 보이는 시각적인 모습에만 호소하는 것이 아니라 청각과 지각 등 다양한 감각에 한꺼번에 호소하여 좀더 생생한 폭력을 전달하고자 한다.

「모래시계」의 경우도 프로그램 중간에 많은 폭력적인 장면이 나오는데 다양한 카메라 기법과 음향효과가 없었다면 그렇게 선풍적인 인기를 끌지 못했을 것이다. 그 드라마 중에는 빈번한 클로즈업, 슬로우 비디오 편집, 서로 치고 받는 효과음 등이 다른 어떤 폭력 장면보다도 현실감 있게 등장하고 있다.

TV의 폭력 장면에 대한 학자들의 견해는 찬반 양론으로 나누어져 있다. 어떤 학자는 TV에 등장하는 폭력물을 아이들이 봄으로써 스트레스가 해소되어 오히려 공격 성향을 억제시킨다는 긍정론을 제기하기도 하고, 어떤 학자는 아예 아무런 영향을 주지 않는다는 주장을 하는 학자도 있다. 반면에 어떤 학자는 TV에 나오는 폭력 사용법을 배우고 모방하여 그것이 자극제가 되어 더욱 공격적인 성격을 형성한다고 주장하기도 한다. 이 두 가지의 상반된 견해에 대해 어떤 주장이 맞고, 어떤 주장이 틀리다라고 단정지어서 말할 수는 없다. 한 개인의 폭력적인 성향은 유아기부터 성장을 하면서 다양한 요인에 의해 형성되기 때문이다.

하지만 아직 인지 능력이 부족한 어린이들에게 과다한 TV 폭력의 노출은 적지 않은 영향을 줄 것이라는 점에 있어서는 모두들 동감을 한다. 기본적으로 아이들은 폭력의 결과가 어떤지는 전혀 알지 못하고, 폭력 행위 자체에만 흥미를 갖는다. 그리고 그 흥미는 무의식 중에 아이들 속에 잠재하고 있다가 실제적인 행위로 나타난다.

폭력에 관해서 한가지 더 부모들이 알아야 할 사항은 폭력 장면을 지나치게 많이 보게 되면 폭력에 대해서 무감각해진다는 점이다. 미국에서 이런 일이 있었다. 뉴욕의 한 아파트에 혼자 살고 있는 여자가 성폭행을 당하고 살해되었다. 그 사건이 일어난 같은 시간에 아파트에는 수십 명이 살고 있었는데 여자가 비명을 질러도 누구 한 사람 내다보는 사람이 없었다고 한다. 그 여자의 비명은 약 40분이나 계속되었다.

TV뿐이 아니다. 비디오, 컴퓨터 게임,그리고 케이블TV는 수많은 폭력 장면을 예고하고 있다. 비디오의 경우는 특히 그 폭력에 대한 정도가 심하다. 비디오 대여점에 가면 미국의 저질 폭력 비디오 영화와 홍콩의 액션 영화가 언제나 대여 상위 순위를 차지하고 있는 것을 알 수 있다.

게임의 경우도 그 폭력의 도가 비디오에 결코 떨어지지 않는다. 현재 오락실에서 아이들에게 가장 인기 있는 게임은 '버철화이터' 이다. 3차원 영상으로 만든 이 게임에는 두 명이 등장하여 발차기, 때리기, 찌르기 등 온갖 수법으로 상대방을 때려서 쓰러트려야만이 이기게 되어 있다.

TV, 비디오, 게임 등 모든 것이 우리 어린이들이 현재 가장 즐겨하고 있는 놀이다. 이 모든 놀이들을 합치면 아이들은 매분, 혹은 매초마다 한번씩 폭력적인 장면에 접하게 되고, 그러면 자연스럽게 폭력에 대해서 무감각해질 것이다. 그리고 이미 우리 사회에서 그러한 현상은 나타나고 있다.

8. 위성으로 들어오는 국제적인 폭력 프로그램

"며칠전 밤에 방송되었던 일본 TV를 보는 순간 저는 깜짝 놀라 TV를 꺼 버렸습니다. 그 때 초등학교 6학년에 다니는 아들하고 같이 보는데 어린이 만화인데도 창으로 사람을 찌르고, 그 창이 몸을 관통하는 장면, 마구 때리고 피가 튀는 장면등이 그대로 나오는 것이 너무 잔인하여 TV를 얼른 꺼 버렸지만 한동안 그 장면들이 머리 속에서 떠나지 않았습니다."

강남의 한 아파트에 사는 주부의 말이다. 이 주부는 일본의 위성방송을 보다가 계속 그런 끔찍한 장면들이 방송되고 있어 현재 많은 돈을 들여 설치한 위성접시 안테나를 철거할 것을 심각하게 고려 중이라고 한다. 무엇보다도 초등학교에 다니는 아이가 이를 보고 어떻게 생각할지 끔찍하다는 것이다.

현재 위성방송 보급률의 정확한 통계는 없지만 약 4% 정도라고 한다. 특히 위성방송 수신이 많은 곳은 경남지역으로 지역적으로 일본방송이 잘 보인다는 점 때문인 것으로 분석된다. 시청 가능한 위성방송은 일본의 NHK- BSI, BSII, 스타 TV, 스포츠, 일본의 상업TV 인 와우와우(Wowow)이다.

우리의 경우 몇 년 전부터 위성방송에 대한 관련 규정이 없다는 점을 이용하여 강남의 부유층들과 부산 지역을 중심으로 주로 유흥업소에서 하나 둘씩 위성방송 안테나를 설치한 이후 95년도 국정감사 자료에 의하면 국내에서 외국 위성방송 수신가구는 80만 가구가 넘고 있고 가시청 위성채널도 90개 이상에 이르른 것으로 나타났다. 위성방송은 주로 TV 방송이 없는 낮 시간대와 심야 시간대에 집중적으로 시청하고 있는 것으로 조사됐다.

물론 이들 위성방송에서 방송되는 모든 프로그램이 폭력적이거나 선정적인 것은 아니다. 하지만 폭력 프로그램의 경우는 잔인한 폭력이 여과 없이 그대로 방송되고, 선정적인 장면도 우리가 기존 TV에서 보아 왔던 정도의 선정성이 아닌 훨씬 더 선정적인 장면이 방송되고, 심지어는 거의 포르노에 가까운 프로그램도 보여진다.

특히 대부분의 프로그램들이 일본의 의식구조에 맞게 제작되었기 때문에 우리 어린이들에게 그들의 퇴폐적 문화가 나쁜 영향을 미칠 것으로 염려되고 있다.

9. 폭력 프로그램은 반드시 부모와의
토론 하에 본다

뛰어난 체력에다 주먹 깨나 쓸 줄 아는 정의롭고 멋있는 남자 주인공이 있다. 물론 그는 총을 쏘는 솜씨도 뛰어나고 다양한 무기를 자유자재로 사용할 줄 아는 방법을 안다. 그는 악한을 만나 그에게 온갖 어려움을 겪지만 끝까지 폭력을 사용하지 않는다. 비폭력, 그리고 평화가 그가 원하는 것이다. 하지만 마침내 최후의 순간에 이르러서 그는 자신이 갖고 있는 뛰어난 폭력을 이용하여 악을 물리치고야 만다.

대부분의 할리우드 영화나 안방에서 보여지는 외화가 갖고 있는 줄거리 중의 하나이다. 이 과정에서 제작자는 주인공이 폭력을 사용하지 않을 수 없게 전체 줄거리를 이끌어 가면서 서서히 폭력의 필요성을 시청자들에게 인식시키고, 결국 폭력만이 유일한 해결책인 것처럼 그린다. 이를 본 어린이들은 같은 결론에 이르게 되고 무의식 중에 자리잡고 있는 이런 생각은 동기 부여가 되면 곧 행동으로 표출된다.

부모들이 폭력 프로그램을 대할 때 가장 조심해야 하는 것이 바로 이렇게 권선징악이라는 탈을 쓴 프로그램들이다. 선이 악을 징벌한다는 결론 아래 목적만 옳다면 폭력을 행사할 수도 있다는 인식은 법치주의 국가에서 가장 위험한 인식일 수 있다.

폭력 프로그램의 시청 지도 방법에서 핵심적인 사항은 아이들에게 폭력은 그렇게 멋있거나 재미있는 것이 아니고, 폭력으로 인해 다친 사람과 가족들이 얼마나 많은 고통을 받는지를 인식시켜 주는 것이다. 또한 폭력을 휘두른 사람은 법에 의해 처벌을 받는다는 점을 인식시킨다.

폭력이라는 수단 자체가 문제 해결의 방법이 될 수는 없다는 점을 인식시켜 주고, 외화에서 등장하는 자동차 추격전, 경찰과 범인간의 총격전 등은 외국에서도 그렇고 특히 우리 나라에서는 자주 발생하는 것이 아니라는 점을 설명한다. 그리고 이렇게 시청 교육을 시켜 본다.

첫째, 자녀로 하여금 TV에 나오는 폭력을 직접 당한다고 생각하면 어떨까를 생각하게 하고, 프로그램에 나오는 희생자는 어떤 느낌을 받았을까를 생각하게 한다. 만약 아이들이 질문을 충분히 이해한다면 실제 자신과 주변에서 일어났던 폭력에 대항하는 방법에 대해 말을 할 것이다.

둘째, 어린이들이 만화에 흔히 나타나는 폭력에 대해서 즐겁게 생각하고 있는지를 질문한다.

셋째, 만화에 나오는 사람이 맞거나, 낭떠러지에서 떨어지거나, 피아노에 깔리면 아무렇지도 않은 것이 아니라 중상을 당하여 오랫동안 병원 신세를 진다고 인식시켜 준다.(예를 들면 만화「톰과 제리」,「핑크팬더」등에선 주인공들이 폭탄이 터져도, 높은 곳에서 떨어져도 몇 초 안에 정상으로 회복된다. 그러나 현실은 그렇지 않다.)

넷째, 만약 미취학 아동들이 성인용 프로그램을 시청할 경우를 조심해야 한다. 아이들은 자주 폭력이 포함된 프로그램과 성인용 프로그램에 노출될 경우 그 현상을 이해하지 못한다. 즉 TV에 등장하는 폭력은 실제로 일어난 일이 아닌 인위

적으로 만들어 낸 폭력임을 인식시키고, 우리 사회에서는 그렇게 많은 폭력이 일어나지 않는다고 설명한다.

다섯째, 외화의 경우 경찰관이 자주 범인에 대해서 총을 쏘는데 사실 우리나라 경찰의 경우는 거의 총을 쏘는 경우가 없다는 점을 말해 준다. 설사 있다고 해도 그것은 일정한 규칙에 의하여 이루어짐을 인식시켜 준다.

여섯째, TV에 등장하는 잘못된 폭력을 설명시키고, 폭력은 최선의 문제 해결 방법이 아니라는 것을 인식시켜 준다.

10. TV 폭력 평가 방법 체크리스트 3가지

우선 TV의 폭력에 대해 다음의 두 가지 질문을 생각해 볼 필요가 있다. 첫째, 과연 모든 폭력은 어린이들에게 나쁜 것인가? 둘째, TV나 영화에 나오는 폭력이 어린이들에게 해롭다는 것을 어떻게 알 수 있는가?

위의 두 가지 질문은 매우 쉬운 질문인 것 같지만 어떤 프로그램이 어린이들에게 폭력적인지를 측정할 수 있는 매우 중요한 질문이다. 대부분의 부모들이 이에 대해 어떻게 대답할 지 정확한 해답을 갖고 있지 못하다.

다음의 체크 리스트는 전형적인 TV폭력 프로그램에 기초하여 만들어진 것이다. 각각의 체크 리스트를 살펴보는 동안 여러분들은 위의 두 가지 질문에 대한 해답이 자연스럽게 유도되는 것을 느낄 것이다.

체크리스트 1. 전체적인 프로그램 줄거리가 폭력 중심으로 이어지는가?

1) 폭력적인 내용이 없다면 전체적인 줄거리가 이어지지 않는다.

2) 프로그램 중에 주인공은 안전하지 않거나, 안전하다는 느낌을 받지 못한다.

3) 폭력적인 행동들이 마치 제작자의 특별한 효과를 위한 전시장 같다.

4) 적어도 한번 이상의 폭력 장면 없이는 프로그램 중에 어떤 일이 일어났는지 알 수 없다.

체크리스트 2. 폭력에 대한 묘사가 실제 상황에서 일어날 수 있는 것인가?

1) 착한 사람이 중상을 입은 소수의 사람들과 생존한다.

2) 등장 인물들이 죽을 때 아무런 의미없이 개죽음을 당한다.

3) 등장 인물들이 죽거나 중상을 당했을 때 아무도 슬퍼하지 않는다.

체크리스트 3. 세상의 모든 선과 악이 내용에 묘사되
어 있는가?
1) 선한 등장 인물은 약간의 나쁜 성질을 가지고 있다.
2) 나쁜 등장 인물은 약간의 선한 성질을 가지고 있다.
3) 선한 등장 인물은 어떻게든 승자가 된다.
4) 나쁜 등장 인물의 경우 부상을 당할 때 돌보아 줄 가족
과 친구가 없다.

구미 각국의 폭력 프로그램 지수

미국의 경우 폭력은 영원한 골치 덩어리로 남아 있다. 전체
가구의 약 60%가 약 1백여 개의 채널을 보유한 케이블TV에
가입해 있고, 그 수많은 채널과 프로그램에서 쏟아 내는 폭력
의 장면과 양은 엄청나다. 한 통계에 의하면 미국의 어린이들
은 국민학교를 졸업할 때까지 평균 10만 건의 폭력 장면을
시청하고 있는 것으로 집계됐다.
이러한 미국의 폭력은 바로 세계의 모든 시장으로 파급되
어 간다. 물론 우리나라도 예외는 아니다. 프랑스의 경우도
지난 95년 1월 한 일요일을 대상으로 조사한 결과 하루에 모
두 1백26명이 TV에서 사망한 장면이 방송되었다고 한다. 어
린이 만화영화, 일반성인 영화, 다큐멘터리, 뉴스 등에서 한

시간 당 5명이 숨진 것이다. 또 크고 작은 총격전은 1백42번, 폭력을 동반한 난동은 1백52번, 폭발 장면은 2백36건 등으로 분석되었는데, 폭력 프로그램의 80%는 미국에서 수입한 프로그램이라는 기사가 일간지에 실렸다.

이러한 폭력의 문제를 놓고 양심 있는 언론인들은 TV 폭력에 대해 비판을 가하고 의회는 의회대로 TV 폭력 규제 입법을 강력히 추진하고 있다. 또한 TV 수상기에 폭력 선정적인 프로그램이 방송되면 자동적으로 방송을 차단하는 V-칩을 개발하여 미 의회는 이 V-칩을 모든 수상기에 의무적으로 달도록 하는 조항이 삽입된 통신법 개정안을 입법시키는 등 나름대로 노력을 하고 있다. 하지만 여전히 미국의 각종 방송 프로그램에선 폭력이 끊길 날이 없다는 것이 관계자들의 말이다.

V-칩이란

　V칩이란 텔레비전안에 내장된 전자차폐장치로서 TV 프로그램에서 일정 수준 이상의 폭력과 선정성이 방영되면 자동적으로 TV를 꺼지게 하는 전자장치를 말한다. 여기서 말하는 V란 폭력이라는 뜻의 영어의 Violence의 첫자를 따서 만든 말로서 캐나다의 팀 코링즈가 만들었다. 이 V칩의 가격은 매우 저렴한 것으로 알려졌다.

　이 V칩이 96년 초부터 많은 사람들의 입에 오르내리는 이유는 미국의 TV 프로그램에서 등장하는 폭력과 선정성이 극에 달했다는 미국 언론의 집중적인 포화와 함께 클린턴 대통령도 이에 대한 심각성을 인식하여 앞으로 2년내에 모든 텔레비전에 이 V칩을 장착해야 한다는 법률에 서명을 했기 때문이다.

　물론 텔레비전에 V칩을 장착하여 청소년들을 TV의 폭력과 선정성으로부터 효과적으로 보호하기 위해서는 현재 TV에서 방영되는 모든 프로그램에 폭력과 선정성의 수준에 따라 등급을 매겨야 한다는 큰 일이 있고, 이는 미국이 성경 구절처럼 신봉하는 '언론의 자유'에도 위배될 수도 있다는 주장이 없는 것은 아니다. 또한 미국의 방송 사업자들도 광고수입의 격감 등의 이유를 들어 초기에는 반대를 했지만 V칩 수용에 대한 시민들의 전폭적인 지지와 여론의 집중적인 공세에 굴복하여 이를 수용하기로 하고 나름대로 대책을 마련하고 있다.

11. 태어나서 가장 먼저 배우는 말이 CM송

"우리 집 애가요, 글쎄 텔레비전 광고만 나오면 얼마나 좋아하는지 몰라요."

"우리 아이는요, 이제 두 돌도 안됐는데 벌써 CM송을 막 따라 하고 그래요."

동네 주부들이 모여 앉아 아이들 이야기로 꽃을 피운다. 그때 내 아이가 얼마나 똑똑한지에 대한 기준으로 제시되는 것이 바로 '텔레비전 따라 하기'다. 우리 아이는 TV에 나오는 가요는 모두 다 따라 한다. 우리 아이는 자동차 생긴 것만 보고도 어느 회사 차인지 모두 알 정도다……. 엄마들의 자랑은 끝이 없다. 그리곤 집에 돌아와서 은근히 아이들을 부추긴다.

"오늘도 빨리 텔레비전을 보고 어디 한 번 따라 해봐라."

아기가 이 세상에 태어나서 가장 빨리 세상을 인지하는 창이 요즘엔 TV다. 그 중에서도 광고를 받아들이는 속도가 가장 빠르다. 집에서 아이를 키워 본 경험이 있는 부모들은 아이들이 뉴스나 오락 프로그램은 본 척도 안하다가 광고만 하면 화면에서 눈을 떼지 못하고 몰두해 있는 모습을 종종 보았을 것이다. 특히 나이가 어린 아기일수록 그러한 현상은 자주 나타난다.

그것은 TV 광고가 아이들이나 갓난아기의 흥미를 끌기에 충분한 요소를 가지고 있기 때문이다. 미처 어떤 내용인지도 모를 정도로 빠르게 변화하는 화면과 시청하기에 편안한 화면이 아닌 변칙적인 화면 구성, 여기에 뛰어난 음향효과와 다양하고 화려한 칼라 등은 아이들의 흥미를 유발하기에 충분하다. 뿐만 아니다. 광고의 내용도 주로 사람이 가장 흥미 있어 하는 폭력과 성으로 구성되어 있어 시선을 사로잡는다.

특히 TV 광고가 이렇듯 다양하게 제작될 수밖에 없는 이유는 바로 15초라는 짧은 시간 동안에 승부를 내야 하기 때문이다. 15초 동안 수신자들에게 상품을 소개하고, 인지하고, 구매라는 광고의 최종 목표까지 이르게 하기 위해서는 될 수 있으면 시청자들에게 눈에 잘 띄고, 잊어버리지 않게 강한 충격을 주어야 하며, 구매의 강한 욕구가 일어나도록 만들어야 한다.

따라서 TV 광고는 자세한 상품의 특징과 장점을 설명하지 않는다. 그 상품에 대한 강력한 이미지를 심어 주는 것만이 중요하다. 자극적인 화면, 보다 흥미를 끌기 위한 화면으로 구성하게 되고 자연히 어린이들의 시선을 유발하게 된다. 성인들도 어떤 때는 일반 프로그램보다 오히려 광고에 더 흥미와 매력을 느낀다.

어린이들이 하루에 보는 TV 광고의 양은 얼마나 될까? 보통 한 시간짜리 TV 프로그램 1편에 15초짜리 광고가 15-19개가 방송된다고 하니, 하루 최소 평균 시청량을 2시간으로

치면 하루에 최소한 30-38개의 광고를 보게 된다. 이것은 한 달이면 9백번, 연간으로 치자면 1만번 이상의 TV 광고를 어린이들이 본다는 뜻과 같다.

뿐만 아니다. 아이들이 집중하여 TV를 보는 시간 말고도 하루종일 틀어 놓고 있는 TV를 통해 무의식적으로 광고를 접하는 양까지 합하면 그 수는 2-3만 이상으로 늘어나기 일쑤다.

12. 만 2세가 지나면 TV 광고에서 본 상품을 골라낼 수 있다

광고에 노출된 어린이 중에서 가장 걱정되는 나이는 바로 2세에서 만 6세까지의 어린이들이다. 이제 막 태어난 아이가 돌을 지나서 만 2살이 되기까지는 아무 생각이 없이 TV 화면을 보는 수준이라고 한다. 그 광고가 어떤 광고이고, 어떻게 자신의 구미를 당기는지 모르고 본다는 것이다.

하지만 만 2세가 지나면 서서히 TV 광고에서 보여지는 상품의 이름을 알 수 있다. 즉 광고에서 본 상품을 슈퍼마켓에 가서 고를 수 있다는 것이다. 물론 완전하게 인식하지는 못한다. 그러나 아이들은 단어, 이미지, 기타 상징적 과정을 통제하기 시작한다. 대부분은 즉각적인 지각에 의해 행동하지만 서서히 사물을 체계화하고 분류하는 능력을 갖는다. 이 시기의 아이들이 바로 광고에 현혹될 수 있는 가능성이 가장 높다고 학자들은 말하고 있다. 이 시기에 있는 아이를 둔 부모들은 TV 광고 시청에 특히 조심해야 한다는 것이다.

일단 만 6세 이상이 되면 아이들은 특별한 경험에서 추상적인 원칙을 가질 정도의 능력과 연역적 추리력이 생긴다. 11세가 지나면 어린이들은 인지구조가 가장 발달한 단계로서 모든 종류의 문제들을 논리적으로 생각하고 적용할 능력을 갖추게 된다.

만 2세에서 만 6세까지의 어린이들은 추리력보다는 직관적으로 사물을 인지하기 때문에 TV 광고의 내용을 액면 그대

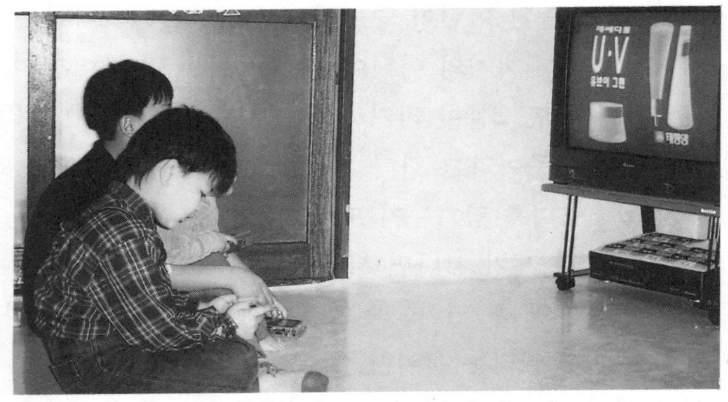

만 2~6세까지 자녀를 둔 부모들이 특히 신경을 써야 할 부분이 광고이다.

로 받아들인다. 이 시기의 어린이들은 TV 광고에서 로보트가 멋있게 하늘을 날아다니고, 적을 무찌르기도 하는 모습의 광고를 보고 가게에서 로보트를 산다. 특히 대부분의 어린이 장난감은 월트 디즈니와 같은 만화영화의 캐릭터 사업과 연결되어 있어 아이들은 만화영화와 TV 광고와의 차이를 구별하지 못하고 속아넘어가곤 한다는 점도 생각해 볼 필요가 있다.

반면에 어떤 외국의 방송학자는 "TV 광고가 모두 어린이들에게 나쁜 점만 있는 것은 아니다"라고 주장하고 있다. 아이들에게 있어서 TV 광고는 중요한 상품의 정보원으로서 소비기술을 가르치는 중요한 역할을 한다는 설명이다. 이 주장을 좀더 살펴보면 TV광고는 상품정보를 제공함으로써 유사 상품간에 특성들을 비교할 수 있고, 상품을 어떻게 구매해야 하는지를 가르쳐 준다는 것이다.

이러한 외국학자의 주장은 생각해 보면 일리가 없는 것은 아니다. 현대는 자본주의 사회이며 TV 광고는 전체 산업을 원활하게 이끌어 갈 수 있는 윤활유 역할을 하기 때문이다. 하지만 이런 주장의 전제는 아이들에게 올바른 TV광고 시청 교육이 선행되어야 한다는 것이다.

13. 가장 경계해야 할 점은 모방

아이들에게 인기가 있는 개그맨 주병진이 세탁기 광고에 등장했던 적이 있었다. 그 광고의 주요 내용은 주병진이 세탁기 속으로 옷을 입은 채 들어가 마치 빨래처럼 휩쓸리다 빨래가 다 끝난 다음 입고 있던 옷이 깨끗이 빨아졌다는 내용이었다. 이를 보고 초등학교 2학년생 어린이가 5살된 여동생을 세탁기에 직접 집어넣고 세탁기를 돌리려다 작동 직전에 부모에게 발견이 되었다고 한다.

한가지 예를 더 들어보자. 탤런트 박상원이 국내 모 침대의 TV 광고에 나와 "침대는 가구가 아닙니다" 라는 말을 한 이후 학교 선생님이 "다음 중 가구가 아닌 것은 무엇입니까?" 라고 물었더니 대부분의 아이들이 침대라고 대답을 했다는 우스개 소리가 있었다.

이 광고에 나오는 박상원의 한마디로 인하여 대부분의 아이들이 침대는 가구가 아닌 과학이라고 생각하게 되었다는 것이다.

이렇게 두 개의 광고가 사회적인 문제가 되자 결국 앞의 광고는 방송위원회로부터 방영금지 조치를 받았다. 아울러서 광고인들은 "왜 그 광고가 문제가 되느냐?" 라는 반문을 제기하기도 해서 광고업계와 심의를 담당하는 방송위원회간에 논란이 있었다.

하지만 여기서 우리가 생각해야 할 점은 그 사회적인 논란을 떠나서 모든 TV광고는 어린이들에게 모방의 우려가 있다는 점이다. 물론 초등학교 고학년은 그 광고의 사실 여부를 판단할 수 있지만 미취학 아동들에게는 그대로 사실로 받아들여진다는 점이다. 받아들일 뿐만 아니라 그것을 실제 생활에서 표현한다.

아이들은 TV에 관해서는 무조건 믿는 경향이 있다. 코미디 프로그램, 혹은 오락 프로그램에서의 말을 제외하고는 일반 프로그램, 특히 광고에서 거룩하고 근엄하고 진지하게 말을 할 때는 그대로 받아들인다는 점이다.

사실 대부분의 TV 광고들이 어린이들까지 생각해서 만들지는 않는다. 적당한 과장과 포장으로 상품에 대한 인지력을 높이는데 총력을 기울이지 아이들을 위한 사회적인 책임은 무시하는 경향이 있다. 따라서 이 점을 부모는 아이들에게 인지시켜 주는 것이 좋다. 그렇지 않으면 우리 사회에 대한, 남녀 성에 대한, 남녀 관계에 대한 수 많은 우리 사회의 편견과 아집, 잘못된 고정관념을 어린이들에게 심어주는 우려를 범할 수 있다.

14. 만화영화는 하나의 거대한 광고 프로그램

아이들이 가장 좋아하는 프로그램은 단연 만화 프로그램이다. 성인들도 어렸을 때 「도날드 덕」, 「미키마우스」, 「백설공주와 일곱 난쟁이」와 같은 디즈니 만화를 보면서 꿈과 환상의 세계를 탐험한 기억이 있을 것이다. 그래서 그런지 만화는 어린이 시간대에 빠지지 않고 편성되는 것이 일반적이다.

하지만 만화는 만화 그 자체로서만 끝나지 않는다. 캐릭터라는 거대한 산업이 만화 뒤에 항상 도사리고 있다. 만화가 한번 아이들에게 인기를 끌면 만화 주인공을 모델로 삼아 인형, 완구, 스티커, 각종 문구 용품과 팬시용품, 과자 이름, 운동화 이름 등 아이들이 먹고, 입고, 놀고, 신는 모든 것에 만화 주인공의 캐릭터가 등장한다.

대부분의 아이들은 만화에서 재미있게 본 주인공에 대해서 나름대로 환상을 가지고 있다. 나도 한번 그렇게 돼봤으면, 나도 한번 엄청난 힘을 가지고 악의 무리를 물리쳐 봤으면 하는 환상이다. 현실은 그러한 환상을 충족시켜 주지 못하지만 주인공이 사용했던 무기나, 특별한 기구가 있으면 그것을 가짐으로써 어느 정도는 환상에 대한 대리만족을 가져다 준다.

미키 마우스와 도날드 덕으로 유명한 월트 디즈니 사가 매년 인형과 완구, 스티커, 동화책, 문구 상품, 장난감, 비디오

만화영화에
등장하는 캐릭터는
팬시산업과 문구산업에
연관되어 거대한 산업을
형성하고 있다.

로 세계 각국에서 벌어들이는 로얄티는 천문학적인 숫자라고
한다.

　최근에도 「파워 레인지」, 「캡틴 플레니트」, 「슈퍼 그랑죠」
의 만화가 아이들에게 인기를 끌면서 완구용품이 없어서 못
팔정도로 인기를 끌었다고 한다. 「캡틴 플레니트」의 경우 주
인공 캡틴 플레니트가 손가락에 끼었던 초능력 반지는 빨강,
초록, 보라, 핑크, 하트 모양 등이 아이들에게 인기를 얻어
어린이가 모두 끼고 다녔을 정도이다.

이밖에 슈퍼 그랑죠의 로봇 완구와 목걸이, 미래 용사 볼트론, 배트맨의 인형과 완구가 아이들에게 인기를 얻었고, 비디오 캐릭터로서 후레쉬맨, 바이오맨, 킹제트맨, 식스맨, 마스크맨, GI유격대 등을 소재로한 완구가 어린이들에게 선풍적인 인기를 얻었다.

사실 이러한 완구들을 아이들이 사 달라고 조를 때 대부분의 부모들은 아이들의 성화에 못 이겨 사주곤 한다. 하지만 이러한 완구들이 단지 몇 천원하는 것이 아니라 수 만원을 호가한다는 점에서 부담이 아닐 수 없다. 사주지 못할 바에는 아이를 잘 타이르는 수 밖에 없지만, 그 이전에 이러한 만화들을 부모들이 신중하게 골라 아이들에게 보여주는 방법이 더 효과적이다.

특히 이들 만화들은 대부분 미국과 일본의 폭력적인 만화이거나, 전체적인 내용과 표현 방법들도 그들의 일상 관습에 기초로 하여 만들었기 때문에 주의깊게 살펴 볼 필요가 있다.

15. 점점 야해지는 어린이 대상 광고

과자 하나가 상자에서 나와 짧은 핫팬츠를 입은 여자의 다리를 거슬러 올라가고, 배꼽티를 입은 여자의 배꼽에서 팽그

르르 돌아간다. 카메라는 여자의 허벅지를 클로즈업하고, 다음으로 여자의 배꼽과 하체 부분을 클로즈업한다.

이 장면은 다름 아닌 어린이들이 먹는 과자 TV 광고의 장면이다. 이미 어린이들이 대상이라기 보다는 성인용 광고이다. 또 다른 예를 들어보자.

옷이 널려 있는 거실, 목욕타월을 걸친 여자가 침대에 누워 있는 장면. 자동차 안에서 남자가 야릇한 미소를 지으면서 옆에 앉은 여자에게 뽀뽀를 하려 하는 장면 등은 모두 과자 광고이다.

요즘 과자, 초콜렛 등의 TV 광고들이 날이 갈수록 선정적으로 변해 가고 있다. 이런 추세는 최근 각 제과 회사들이 타겟 수용자들을 어린이에서 신세대 여성으로 조정하면서 집중적으로 나타나는 현상이다.

하지만 이런 광고들이 가족 시청 시간대에 그대로 방송됨으로써 아이들에게 그대로 노출이 된다. 낯 뜨거운 장면이 아닐 수 없다. 사실 과자 광고뿐만이 아니라 가족 시청 시간대에 방송되는 많은 광고들이 성(SEX)을 소재로 광고를 만든다. 그런 광고를 보고 아이들은 자칫 성에 대한 그릇된 인식을 갖게 될 수 있다.

또 한가지 어린이 프로그램 광고에서 유념할 사항은 바로 광고에 등장하는 외국어이다. 후레쉬, 다모아, 샬레, 죠다쉬, 쵸코하임 등 대부분의 광고 상품들이 외국어이거나 외국어의 발음을 따서 만든 것이라는 점이다.

이러한 광고 상품들을 아이들은 거의 100% 인식한다는 점에서 광고 상품에 대한 아이들의 바른 설명이 필요하다. 광고 상품이 외국어인 경우는 꼭 그 뜻을 사전에서 찾아 본 적이 있는지, 어느나라 말인지, 단지 발음만을 따와서 만든 것인지 알려주고, 우리말로 바꾸는 연습도 부모와 함께 해보는 것이 좋다.

16. 그 드라마의 주인공은 언제나
같은 술만을 마신다?

TV산업은 다른 산업과 마찬가지로 이윤을 추구하는 사업이다. 우리가 텔레비전을 볼 때 인식해야 할 중요한 점은 바로 텔레비전 프로그램이란 항상 광고주들의 눈치를 살펴야 한다는 점이다. TV 프로그램이 광고주들의 눈에 띄지 못한 채로 방송이 된다면 그 프로그램은 수명이 오래가지 못한다.

특히 현재 우리나라처럼 케이블TV는 말할 것도 없고, 기존 공중파 방송인 KBS, MBC, SBS 모두 대부분의 방송사 운영비를 광고 수익으로 충당한다는 점에 있어서, 절대적으로 광고주들의 눈치를 볼 수 밖에 없다. 될 수 있으면 광고주들의 눈에 벗어나지 않게 일단 시청률을 높이고, 떨어지면 갖은 방법을 총동원하여 시청률을 올려 놓는다. 그것이 안되면 대부분의 프로그램은 아무리 공익성이 강한 프로그램이라고 해도 다음 프로그램 개편 때 정리 대상에 올라간다.

현재 편성되어 있는 각 방송사의 프로그램을 가만히 살펴보면 가장 많은 사람들이 시청하는 주시청 시간대는 대부분 쇼, 퀴즈, 드라마, 코미디 등 오락 프로그램으로 채워져 있는 것을 알 수 있다. 이런 편성 패턴은 이미 오랜 세월 고정된 것으로 사실 일반 수신자들도 습관적으로 그것을 받아들인다.

또 한가지 방송과 광고의 밀월 관계를 보여주는 것이 바로 협찬이라는 이름으로 방송 프로그램 도중에 수시로 등장하는 간접 광고이다. 간접 광고의 사례는 수도 없이 많다. 특히 시청자 중 직접 물건을 살 수 있는 능력이 있는 사람인 성인들이 가장 좋아하는 드라마에서 간접 광고의 정도는 도가 지나치다.

술을 마시면서 특정한 상표가 부착된 술병을 보여 준다거나, 특정 업소에서 야외 촬영을 하면서 해당 업소의 간판을 보여준다거나, 세트를 꾸미는 데 해당 프로그램 광고에 등장한 세탁기, 냉장고, 가구 등을 배열한다거나, 해외 촬영을 나가는데 항공사 마크가 새겨진 모자를 쓴다거나, 10대들이 잘 보는 뮤직 비디오에 광고 상품명이 등장하는 경우 등이다.

프로그램 내용 중에서도 간접 광고는 자주 등장한다. 대표적인 프로그램이 코미디인데, 코미디를 한다고 광고 노래를 부른다거나, 광고 카피를 이용하는 경우가 그렇다. 이제 이러한 장면들은 방송위원회에서 하도 많이 지적하기 때문에 없어질 것으로 생각이 되지만 끝도 없이 계속되는 광고와 방송 간의 밀월 관계 때문에 좀처럼 없어지지 않고 있다.

17. '나이키' 운동화를 신고 '게토레이'를 먹으면 나도 마이클 조던

일단 한번 광고에 나온 상품들에 호기심이 끌리면 아이들은 부모들에게 줄기차게 그것을 사 달라고 조르는 것이 일반적이다. 그 광고를 많이 본 아이들은 구매 욕구가 훨씬 더 커진다. 만약 아이들이 조르다가 부모가 끝내 원하는 상품을 사주지 못할 경우 아이들은 대부분 부모에 대해서 반감을 가지게 된다. 성격이 난폭해지고, 비뚤어진다.

여기서 부모들은 아이들의 생각이란 의례 단순하다고 하여 아이들의 의견을 무시하거나 외면해서는 안된다. 차근차근 왜 사주지 못하는 것인지 설명을 해 주어야 한다. 다음의 사항들은 광고에 대해서 부모들이 알아야 할 사항들로서 아이들과 대화를 하는데 기초적인 자료를 제공할 것이다.

첫째, 어린이 대상 광고는 환상의 광고이다. 예를들면 레고 블록 광고의 경우 실제로는 하늘을 날아다니거나 모터나 엔진이 있어 실제적으로 장난감이 움직일 수 없는 것임에도 아이들은 멋지게 날아다닐 것이라 생각한다. 여자 어린이들이 좋아하는 인형도 마찬가지이다. 실제로는 말을 하거나, 움직이지 못함에도 광고에서는 아름다운 목소리로 말을 하고 인간처럼 정을 나눌 수 있는 것으로 나온다.

환상의 광고 가운데 또 하나는 음식 광고이다. 콘프레이크 광고의 경우는 허약한 어린이가 콘프레이크를 먹으면 자신을 괴롭히는 동네의 불량배를 무찌를 수 있다는 이야기로 꾸며진다. 즉 이것만 먹으면 키도 쑥쑥 자라고 몸도 튼튼해진다는 것이다.

둘째, 아이들은 카메라 기술에 현혹되는 경우가 많다. 요즘 아이들이 가장 좋아하는 음식인 햄버거와 피자광고를 예를 들어보자. 화면에 나오는 햄버거와 피자는 카메라가 클로즈업을 하여 촬영했기 때문에 화면 가득 나온다. 화면 가득 나오면 일단 상당히 큰 것처럼 보이고, 또 조명을 밝게 처리했기 때문이 색상이 선명하게 나오고, 푸짐하고 먹음직스럽게 보인다. 또한 치즈가 녹아 내리는 장면이라든가 케첩을 치는 화면에서는 슬로우 모션을 사용했기 때문에 더욱 시선을 끌게 된다.

셋째, 좋아하는 스타에 아이들은 현혹된다. 스포츠 스타는 물론이고 연예인들을 어린이들은 무척 좋아한다. 따라서 어린이들이 자주 사 먹는 청량음료라든가 장난감 광고에는 꼭 연예인들이나 스포츠 스타가 등장한다. 최근의 예를보면 마이클 조던이 등장하는 이온음료 게토레이와 나이키 신발, 가수 김건모가 등장하는 코코팜 등이 그 대표적인 예이다. 이러한 광고를 보고 자신도 똑같은 신발을 신고 음료수를 마시면 자신도 마이클 조던이나 김건모와 똑같아 진다는 환상에 어린이들이 빠지게 된다. 따라서 그러한 환상을 깨 주어야 한다.

넷째, 광고속에 나타난 아이들은 대부분은 광고 대상의 아이들보다 한, 두살 많은 어린이들이라는 점이다. 일반적으로 광고 속에 나타난 어린이들은 광고가 애초에 설정한 목표 연령층보다 조숙하고, 한, 두살 정도 위의 연령대이다. 예를들면 여덟살 짜리 장난감 광고에는 열한살, 또는 열두살 짜리 모델이 등장한다. 그 이유는 바로 부모들의 경쟁심을 유발시키고, 아이에 대한 열등감을 자극시켜 상품 구매로 유도하자는 광고 전략 때문이다. 실제로 부모들이 이 허상에 속아 넘어가는 일이 많다.

다섯째, 아이들은 사은품에 약하다. 신발을 사면 장난감 하나를 더 끼워 주거나, 최근에 인기를 끈 따조의 경우는 과자를 사면 따조라는 장난감을 하나 넣어 줌으로써 그 과자 자체의 판매율을 엄청나게 상승시켰다. 사은품이라는 것이 사실은 모두 상품의 가격속에 포함되어 있는 것을 모르고 공짜로 하나 더 주는 것으로 착각하는 것은 역시 어른도 마찬가지다.

여섯째, 나이가 어릴수록 간단한 광고보다 복잡한 광고에, 언어보다 영상에 더욱 흥미를 느낀다. 아이들은 나이가 어릴수록 광고 중에서도 복잡한 화면에 더욱 흥미를 느낀다. 따라서 TV 광고를 유심히 보면 어린이 대상 광고는 화면에 자막이 거의 없고, 빠른 화면과 복잡한 화면으로 구성되어 있다. 어른들의 수준에서 보면 유치하기 그지없지만 아이들은 그러한 광고를 좋아한다는 점이 판매율로써 증명되고 있다.

18. 광고에 빠져 있는 자녀를 위한 시청 방법

첫째, 주말 어린이들이 많이 보는 시간인 아침 시간대 또는 주중 평일의 어린이 시간대에 방송되는 광고에 등장하는 상품을 쭉 적어 보게 한다. 이를 통하여 한 프로그램에 얼마나 많은 양의 광고가 나가는지 알 수 있게 한다.

둘째, 특정 프로그램에 특정 광고가 왜 방송되는지를 알려준다. 예를들면 만화 프로그램에 왜 장난감 광고가 방송되는지를 알려준다. 이는 광고와 프로그램간의 관계를 자연스럽

게 얘기해 줄 수 있는 기회를
제공한다.

셋째, 한 프로그램을 정하
여 어떤 광고가 방송될 것인
가를 예상하게 한다. 특정 내
용의 프로그램이 특정 광고
와 정말로 연관되어 있는지
를 이해하게 한다.

넷째, 스포츠 스타가 음식, 신발 등 그 밖의 광고에 왜 출
연하는지를 설명하고 그들은 해당 상품이 좋아서라기 보다는
돈을 받고 출연한다는 것을 알려준다. 실제로 그 스타는 그
음식을 먹고 그 신발만을 신을 것으로 생각하는가 하는 등의
질문을 해 본다.

다섯째, 많은 장난감 광고의 내용들이 마치 살아 움직이는
것처럼 되어있다. 예를들면 인형이 실제로 울고, 비행기가 날

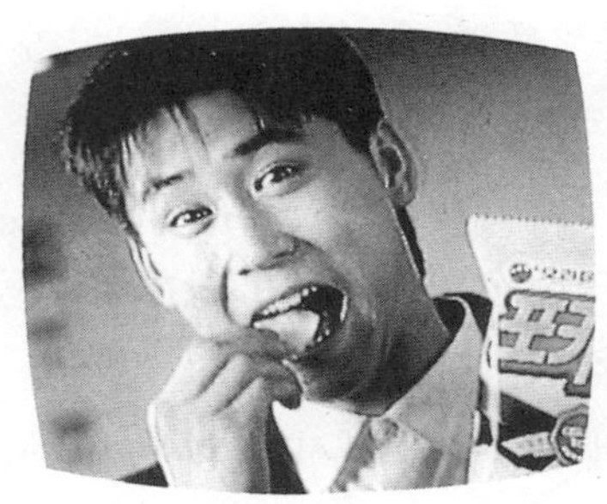

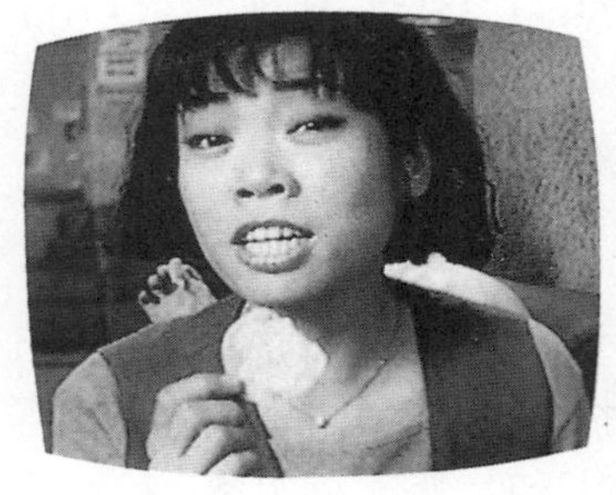

아다니고, 그림물감이 마치 마술처럼 예쁜 그림을 그린다. 이러한 광고의 모습과 직접 사서 꾸며 본 장난감과의 차이점이 무엇인지를 말하게 한다. 또한 같은 또래 친구들의 의견도 들어본다.

여섯째, 화면에서의 모습이 실제의 모습보다 더 좋게 보이는 제품 몇 개를 골라 실물보다 더 커 보이는 것을 확인하게 하고 색상이 화면에서 보던 것처럼 화려한지 아이에게 비교해 보게 한다.

일곱째, 상품에 대한 설명없이 이미지만 등장하는 광고들이 있다. 예를들면 농구화의 경우 제품에 대한 설명은 없이 미국 프로 농구선수들의 경기 장면 등의 화면으로 구성되는데 왜 그런지를 아이들에게 생각하게 해 보고, 이야기한다.

여덟째, 음료수의 경우 한번 마셔보고 광고에서 말하는 바로 그 맛인지를 말하게 하고, 틀리면 어떤 맛인지를 말하게 한다.

아홉째, 공익광고에 대해서 설명해 주고 기존의 광고와 무엇이 다른지를 아이와 함께 얘기한다. 공익광고는 그 주제가 환경문제, 교통질서문제, 도덕문제 등 여러 가지가 있어 너무 어려운 것은 제외하고 쉬운 것부터 아이들과 함께 얘기를 나누는 것이 좋다.

열째, 광고 중에서도 아이들에게 유익한 광고는 있다. 예를 들면 공익광고가 그렇고, 가족의 안부를 묻는 장거리 전화라든가, '효'를 주제로 한「경동 보일러」광고, '정'을 주제로 한「오리온 초코파이」등이 그렇다. 그러한 광고들은 일단 보고 나면 무엇이 생각나는지를 아이들과 함께 얘기해 보는 것이 좋다.

열한번째, 나이가 어리다고 무시해서는 안된다. 연구에 의하면 나이가 어릴수록 TV 광고에 대해 인지하는 능력이 약한 것은 사실이지만 그렇다고 무시해서는 안된다는 결과이다. 즉 취학아동의 경우 보통 광고에 대해 80~90% 정도 이해를 하지만 미취학 아동의 경우도 70~80% 정도를 이해한다는 연구 결과가 있다. 70% 정도만 되도 충분히 구매 욕구를 느낄 수 있는 수치라는 것을 인식해야 한다.

어린이 대상 광고 심의 조항(94년 12월 23일 개정)

제17조(어린이 대상 광고 제한)

① 방송은 어린이 프로그램의 진행자나 인물 주인공, 또는 만화 주인공을 이용한 광고를 당해 방송 순서 광고 시간이나 그 전후 토막 광고 시간에 방송하여 어린이에게 프로그램과 혼동하게 하여서는 아니된다.

② 어린이를 대상으로 하는 방송 순서의 광고 시간이나 그 전후 토막 광고 시간에는 어린이 의약품의 광고를 하여서는 아니된다.

제72조(광고 시간대 제한)

① 방송은 미성년자 관람 불가 영화, 비디오물 및 공연물의 광고 등 어린이 청소년에게 부적합한 광고를 어린이 청소년 프로그램의 전후에 방송해서는 아니된다.

② 주류의 광고는 다음 각호의 시간에 방송할 수 없다.

1. 텔레비전 광고 : 22시 이후

2. 라디오 광고 : 13시 이후, 다만 13시 이후라도 어린이 청소년 프로그램의 전후에는 방송할 수 없다.

제94조

① 광고는 어린이 및 청소년의 품성과 정서, 가치관을 해치는 표현을 해서는 아니된다.

② 광고는 어린이 보호를 위해 다음의 사항은 광고를 하여서는 아니된다.

1. 어린이가 상품과 관련된 상업문 또는 광고 노래를 전달하는 표현

2. 어린이의 건강과 바른 식생활을 해치는 표현

3. 어린이가 그 상품을 갖지 못하면 열등감을 갖거나 다른 어린이로부터 조롱의 대상이 된다는 표현

4. 어린이가 상품을 구입하도록 충동하거나 부모 또는 다른 사람에게 상품을 사 달라고 요구하도록 자극하는 표현

5. 어린이의 사행심을 조장하는 표현

6. 어린이를 위험한 장소에 있게 하거나 위험한 행동을 취하게 하는 표현

③ 장난감 게임기 기타 어린이를 대상으로 하는 광고는 어린이의 판단력과 경험을 고려하여 다음과 같은 표현을 하여서는 아니된다.

1. 장난감이 기계적으로·움직이는지, 수동적으로 움직이는지 분명하지 않는 표현

2. 장난감과 실제 물건(예를 들면 자동차와 실물 자동차)이 혼동될 수 있는 소리나 표현

제 3 장

TV시청 시간을 가족간의 대화의 시간으로 만든다

1. 어린이를 이끄는 것은 결국 부모의 노력이다

국민학교 4학년인 영욱이는 신문의 TV 프로그램 안내를 하루도 빼놓지 않고 읽는다. 그는 영화를 광적으로 좋아하기 때문에 이번 주말에는 어떤 영화를 하는지 샅샅이 살펴보았다가 밤 11시건 12시건 TV 앞을 떠나지 않는다. 처음에는 별로 심각하게 생각하지 않고 말리지 않았던 어머니는 영욱이가 학년이 올라가면서 점점 선택하는 영화의 수준이 성인 것에 가까운 것을 알면서는 우려를 금치 못하고 있다. 잔인한 폭력 장면, 남녀의 불륜, 메시지를 가려 버리는 지나친 코믹함 등이 걸러지지 않는 저급 외국영화를 아무 생각 없이 좋아하기 때문이다. 가끔 "이건 네가 보는 프로그램이 아니야" 하며 TV를 꺼 버리기도 하지만 반발심만 유발할 뿐이다.

대부분의 가정에서 TV 시청과 관련하여 곤란을 겪었던 점 중에 하나가 어린이들이 갑자기 어린이 프로그램이 아닌 성인용 프로그램을 보겠다고 졸라댈 때일 것이다. 이때 부모들이 항상 염두에 두어야 할 점은 '나는 아이들에게 아무 프로그램이나 시청하게 내버려두지 않고 특별히 정해진 프로그램만을 시청하게 한다'는 것이다.

흔히 부모들은 아이들이 보채니까 혹은 집안 일을 하기 위해 그들을 떨어뜨려 놓기 위해서, 또는 아이돌보기가 귀찮아서 아이들에게 TV 보는 것을 허락하고 있는데, 이는 어린이들에게 나쁜 TV시청 습관을 형성시킬 수 있다. 정해진 프로그램 외에 어떤 프로그램도 보지 않도록 교육하는 것이 어린이들을 위한 TV 시청 교육의 첫걸음이다.

하지만 각 가정에서 막상 정해진 프로그램만을 보기가 그렇게 쉬운 것은 아니다. 정해진 시간에 맞추어서 사무적으로 TV를 시청하기에는 가정이라는 곳은 필요한 휴식을 취할 수 있는 느긋한 곳이기 때문이다. 자연히 아이들에 대한 통제도

신문에 난 TV시간표까지 체크하면서
보는 요즘의 테돌이.

학교처럼 엄격하지 않는 것이 대부분이다. 이런 어려운 점을 해결하기 위해 할 수 있는 방법 중 하나가 바로 TV 시청 계획을 세우는 것이다.

2. 우리 가족 TV 시청 습관을 관찰해 보자

올바른 TV 시청 계획을 세우기 위해서는 우선 우리 가족의 TV 시청 습관을 자세히 관찰해야 한다. 시청계획은 여기서부터 시작된다.

첫째, 텔레비전 시청 시간의 양을 살펴본다. 하루에 몇 시간 정도 시청을 하는가. 주말에는 평일과 비교해 얼마나 오랫동안 시청하는가. 어린이의 경우는 밖에서 노는 시간, 혹은 공부 시간과 비교하여 TV 앞에 앉아 있는 시간 정도는 어떠한가. 특히 주말의 경우 평일보다 얼마나 더 많은 시간을, 특히 언제 TV 앞에 앉아 있는가를 관찰한다.

둘째, 어떤 프로그램을 많이 보는지를 살펴본다. 오락 중심의 프로그램만을 편식하여 시청하는가. 다양한 프로그램을 골고루 시청하는가. 그리고 온 가족이 함께 모일 때 습관적으로 켜 놓은 TV 가운데 우리는 어떤 프로그램을 선택하는지 적어 본다. 가족 구성원의 성격과 직업 등과 관련해 꼭 보아야 할 프로그램이 예고되고 있으면 메모를 해 본다. 다른 영상 매체인 비디오와 영화, 컴퓨터게임들과 비교해서 살펴보면 더욱 좋다.

셋째, 가족들의 TV 시청 형태에 대해서 살펴본다. 여기서는 주로 시청 습관에 대해서 집중적으로 살펴본다. 먼저 계획에 의한 프로그램 시청인가, 단순히 습관적인 시청인가. 누워서 턱을 괴고 시청하는가, 허리를 구부정하게 하고 앉아서 시청하는가. 늘 소파에 비스듬히 앉아서 시청하는가. 5분마다 한 번씩 습관적으로 리모콘을 돌려 가며 보는가, 한 프로그램에 지속적으로 몰두해서 보는가. 특정 프로그램의 경우 한번 시청을 하게 되면 얼마나 오랜 시간 몰입하여 시청을 하는가 등이다.

넷째, TV 시청에 따른 영향을 살펴 볼 필요가 있다. 초등학생인 경우에는 코미디 프로그램을 보고 유행어를 따라한다든가, 쇼프로그램에서의 율동 등을 따라 하는 경우가 많을 것이다. 어른들도 마찬가지다. 자신도 모르게 유행어를 따라 한다거나 이상한 몸짓들을 따라 하고 있지는 않은가? 미취학 아동들일 경우는 평소에는 얌전한 아이가 TV만 보면 소란스러워진다거나, 반대로 소란스러운 아이가 너무 얌전해지지는 않는가. 「뽀뽀뽀」나 「TV 유치원」 같은 특정 프로그램, 혹은 특정 광고에 지나치게 몰입해 있는 경우도 있지 않은가 등이다.

다섯째, TV를 시청하면서 다른 일을 부수적으로 하는지 살펴본다. 예를들면 밥을 먹거나 대화를 하면서 TV를 시청하는가. 아니면 프로그램이 끝날 때까지 한마디도 얘기를 하지 않는 것은 아닌가. 과자나 기타 간식 거리 등을 끊임없이 먹으면서 시청을 하는가. 초등학교 어린이들의 경우 숙제를 하면서 TV를 보는가 등을 살펴본다.

프로그램 정보는 어디서 얻을까

구체적인 시청 계획을 세우기 전에 부모들은 한가지 해야 할 일이 있다. 바로 프로그램에 대한 사전 정보를 얻고 이를 분석하는 작업이다. 즉 어떤 채널에서는 무슨 시간대에 어떤 프로그램을 방송하고 있고, 그 프로그램은 가족용인가 성인용인가 어린이용인가를 파악하는 것이다. 요즘 대중매체를 통하여 프로그램에 대한 정보를 얻는 방법에는 몇 가지가 있다.

첫째는 TV 방송 도중에 자사에서 직접 프로그램을 소개하는 것이다. 방송사에서 직접 자사 홍보용으로 편성하고 있는 프로그램 안내를 보면 우선 봄, 가을로 이루어지고 있는 편성 개편 모습을 자세히 알려준다. 특별히 높은 시청률을 기록한 프로그램이 있다면 다음 방송 내용을 예고편과 함께 보여준다. 또한 주말이나 공휴일, 특정한 날이 되면 특별히 편성된 프로그램을 예고 방송한다. 하지만 이들 예고 프로그램의 대

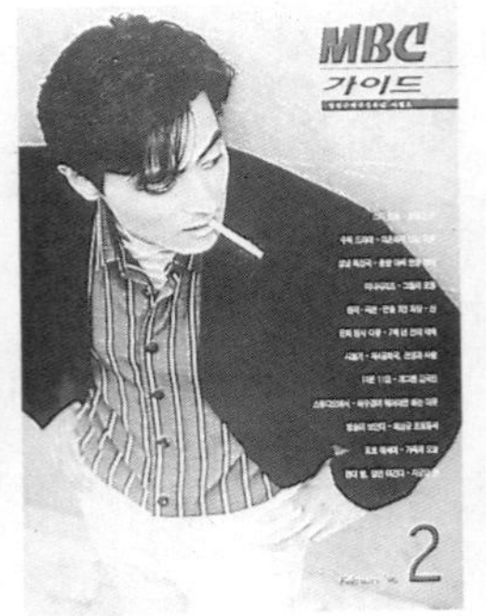

부분이 강한 홍보성으로 시청률을 높이기 위한 단순한 줄거리 전달에 치우치고 있어 깨어 있는 시청자들이 프로그램의 질적인 면을 판단하기에는 부족한 정보라고 할 수 있다.

둘째는 가정에서 가장 손쉽게 접촉할 수 있는 일간지로부터 정보를 얻는 방법이다. 최근 몇 년간 일간지들은 증면 경쟁으로 인하여 늘어난 지면에 특히 방송, 연예 분야를 집중적으로 기사화하고 있다.

대부분의 중앙 일간지에서는 그날 그날의 TV편성표를 신고, 그 옆에 자그맣게 프로그램의 단순한 줄거리 내용을 소개할 뿐 구체적인 분석은 소개되지 않는다. 이밖에 1주일에 한 번씩 TV평을 신고 있는데 그나마 시청자들에게 프로그램의 질적인 면에 대한 판단 근거가 될 수 있는 유일한 것이기도 하다. 하지만 일간지에서 신고 있는 TV평은 대부분 기자들

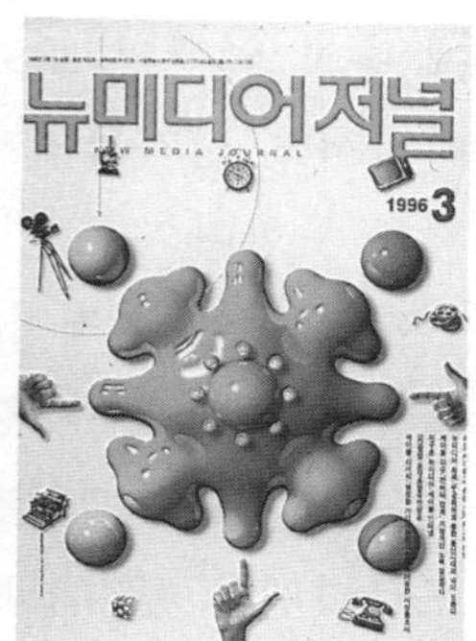

이 직접 쓰기 때문에 질적으로 그 수준이 떨어지고 있어 100% 신뢰할 기사는 못된다고 할 수 있다. 다만 참고 사항으로만 그치는 것이 좋다.

셋째는 각 방송사에서 자체적으로 프로그램 홍보용으로 제작한 월간지를 구하는 방법이다. KBS에서는 「KBS 저널」, MBC에서는 「MBC 가이드」, SBS 「SBS매거진」, EBS에서는 「교육방송」을 발간하고 있고, 케이블TV 프로그램은 종합 유선방송 협회에서 「케이블TV 가이드」를 제작하고 있다. 이들 잡지는 케이블TV 가이드만이 2주에 한번 제작되고 나머지는 1달에 한번 발행하고 있는데 무료로 배포하고 있다. 단 「케이블TV 가이드」는 비가입자들에게 1천원의 유가지로 편의점과 가판대에서 판매하고 있다.

이들 잡지들도 마찬가지로 자사에서 발행된다는 한계 때문에 홍보 일색의 프로그램 소개에 대부분의 지면을 할애한다. 따라서 수신자들에게 프로그램의 질적인 판단 근거를 제시하지는 못한다.

다만 이들 잡지를 통해서 눈여겨 볼 기사들은 그 프로그램을 제작하게 된 배경과, 제작진들의 인터뷰 기사들이 자세하게 실려 있어 제작진들이 기본적으로 어떤 생각으로 가지고 프로그램을 제작했는지를 알 수 있다는 점이다. 즉, 속보성보다는 심층 취재가 가능하다는 잡지라는 대중매체의 특성을 그대로 살렸다고 할 수 있다.

넷째는 시중에 판매되고 있는 각종 방송잡지를 구입하여 보는 것이 좋다. 케이블TV 방송이 본격적으로 시작되면서 시중에는 케이블TV와 기존의 공중파 방송을 함께 다룬 잡지들이 계속 쏟아져 나온다. 이들 대부분의 잡지들은 연예인들의 기사를 중심으로 편집한 흥미 위주의 잡지가 대부분이다.

하지만 방송위원회에서 발행하는 「방송과 시청자」 그리고 종합유선방송위원회에서 발행하는 「뉴미디어 저널」은 공익기관에서 발행하는 잡지답게 방송과 케이블TV, 위성방송 등 뉴미디어와 관련된 각종 교양, 정보기사는 물론 방송계와 케이블TV 산업이 안고 있는 많은 문제들을 제시하고 해결책을 모색하는 기획기사들을 집중적으로 편집하고 있어 전체적인 방송 산업의 현황과 문제점을 이해하기에 도움을 주는 잡지라고 할 수 있다.

TV 시청 가이드 라인을 정한다

TV 시청 계획을 세우는 첫 번째 순서는 일주일에 한번 가족회의를 여는 것이다. 여기에서 일반적인 시청 가이드 라인을 정한다. 가족 구성원 각자가 어떤 장르의 프로그램을 보고 싶다든가 무슨 요일의 특별한 프로그램은 꼭 보아야 한다든가 등의 자기 의견을 말한다. 온 가족이 함께 시청할 때는 어떤 프로그램을 보면 좋겠는가 라는 기본적인 사항도 서로 토론해서 결정한다.

TV 시청 가이드 라인을 정할 때 우선적으로 고려해야 할 사항은 바로 가족 시간대이다. 특별히 주중에는 TV를 보거나 주말에는 비디오를 보면서 하루를 보내는 대부분의 중산층 가정에서는 이 부분에 많은 신경을 써야 한다.

하루 TV 시청량을 정한다

일단 가이드 라인이 결정이 되었으면 다음 순서는 우리 가족이 하루에 몇 시간동안 TV를 시청할 것인가를 정하고, 가족 구성원 각자가 볼 수 있는 프로그램 시간과, 온 가족이 함께 볼 수 있는 시간대를 결정한다.

전문가들의 조언에 의하면 미취학 아동들의 경우는 하루에 1시간 정도, 초등학생들은 최대 2시간 정도 TV를 시청하는 것이 적당하다고 말한다. 성인의 경우는 하루에 2-3시간 정도가 적당하다. 이 시간을 초과하지 않는 범위 내에서 총 시청시간을 정한다. 프로그램 시간대의 결정은 공중파의 경우는 보통 오후 5시부터 7시 뉴스를 할 때까지 어린이 시간대로 정해져 있고, 9시까지가 온 가족 시청 시간대, 9시 뉴스가 끝난 뒤의 시간을 성인용 프로그램 시간대로 구분하고 있어 이를 참고로 하면 된다.

시청 프로그램을 정한다

하루 몇 시간 TV를 시청할 것인가가 결정되었으면 이번에는 과연 어떤 채널에서 어떤 프로그램을 시청하는가를 결정한다. 계획은 한 주일을 기준으로 하는 것이 좋다. 그 이유는 현대생활의 라이프 사이클이 그렇고, 방송국의 편성도 대부분 1주일을 기준으로 하기 때문이다.

1주일치 프로그램을 알려면 시중에서 1-2천원에 판매되고 있는 TV와 케이블TV 관련 주간지 및 안내지를 한 권 구입하여 살펴보는 것이 좋다. 신문의 경우는 그날의 편성표만 나와 있어 큰 도움은 안되지만 방송 주간지의 경우는 방송관련 기사는 물론, 한 주간의 TV프로그램 편성표가 자세하게 나와있어 프로그램 선택에 많은 도움을 준다.

또 한가지 어떤 프로그램을 볼 것인가에 대한 결정에 참고가 될 사항은 바로 지난주에 보았던 프로그램들이다. 지난 주에 우리 가족은 어떤 프로그램을 보았는지 일지를 살펴본다. 어린이용은 제대로 지켜졌는지, 혹시 계획했던 프로그램 외에 다른 프로그램을 보았는지 살펴보고 이를 참고로 일 주일 동안 가족들이 시청할 수 있는 프로그램을 정한다.

먼저 온 가족이 함께 볼 수 있는 프로그램을 정하고, 다음으로 아이들을 위한 프로그램, 다음으로는 성인용 프로그램을 정한다. 그리고 특별히 아이들과 부모가 함께 볼 프로그램을 정한다.

온 가족을 위한 프로그램을 선택할 때 주의할 점은 오락 중심의 프로그램만을 선택하지 말고 다양한 형태의 프로그램 장르를 선택해야 한다는 점이다. 즉 드라마, 쇼, 코미디, 퀴즈 등의 오락 프로그램만을 선택하지 말고 때로는 시사 프로그램을 보면서 우리 사회의 문제점을 가족들이 함께 공감할 필요가 있고, 세계유수의 다큐멘터리를 보면서 아이들은 새로운 세계에 대한 환상의 나래를 펼칠 수도 있다. 이밖에 참고로 방송위원회에서는 '이 달의 좋은 프로그램'이라는 이름으로 매달 좋은 프로그램을 선정하고 있는데, 그런 프로그램을 선택하면 무난할 것이다.

다음은 어린이들이 보는 프로그램의 결정이다. 어린이들, 특히 미취학 아동들과 초등학교 저학년의 경우는 현실의 세계와 TV의 세계를 구별하지 못하는 경우가 많다. 프로그램 내용 중에 나타나는 문제점들이 폭력에 의해서 해결되는 내용은 아닌지 미리 살펴보고 그런 프로그램은 선택에서 제외해야 한다.

가족 구성원 각자의 프로그램 선택에 있어서 부모의 일방적인 결정은 피하는 것이 좋다. 자녀들이 보는 프로그램 선택도 마찬가지이다. 프로그램 선택 이유에 대해서 자유롭게 대화하고 또 부모들도 자신들의 선택에 대한 이유를 자녀들에게 이해시키는 것이 좋다.

이밖에 프로그램 선택에 신경을 써야 할 부분은 바로 리모콘 쟁탈전이다. 그래도 요즘 많은 가정이 2대의 텔레비전 수상기를 가지고 있어 가족 구성원간에 리모콘 쟁탈전이 덜 일어나기도 하는데 텔레비전 수상기가 1대인 가족의 경우는 가족 구성원들끼리 프로그램 선택으로 인하여 종종 말썽이 일어나기도 한다.

여기에 앞으로 우리 방송은 위성방송까지 가세할 예정이기 때문에 수 많은 채널 속에서 과연 우리 가족은 어떤 프로그램을 함께 시청할 것인가에 대한 주의가 필요하다.

제대로 지켜지고 있는지 항상 감시한다

TV 시청 계획을 작성하는 일은 어린이들에게 어떻게 시간을 이용하는 것이 좋은가를 가르치는 좋은 방법이다. 그리고 항상 염두에 둘 점은 이러한 결정을 제대로 지키고 있는지 감시하는 것이다. 만약 아이들이 선택된 프로그램 이외의 것을 볼 때에는 아이들에게 계획대로 시청하게 타이르고, 그래도 아이들이 보챌 때는 과감히 TV 스위치를 꺼 버리는 용기가 있어야 한다.

부모와 함께 실천하는 것이 가장 중요한 점

어떤 교육이든 어린이를 대상으로 한 가장 효과적인 교육 방법은 아이들이 부모의 동의를 얻어서 행하는 것이다. 또한 동의를 얻어서 하되 가장 효과적인 교육 방법이 바로 부모가 함께 실천하는 것이다. 부모는 아이들에게 있어서 1차적인 모방 상대이자 스승이기 때문이다.

TV 시청교육도 마찬가지이다. 온 가족이 함께 작성한 TV 시청 계획을 제대로, 좀더 알차게 실천하기 위해서는 아이들의 감시도 중요하지만 그보다 먼저 부모가 솔선수범하여 실천에 옮기는 것이다. 그래야만이 아이들도 자연스럽게 따라올 수 있다. 우리나라는 대부분의 TV 시청을 온 가족이 함께 하기 때문에 이같은 지침은 꼭 필요하다.

3. TV 시청을 가족 대화의 시간으로 만든다

우리나라 대부분 가정의 공통적인 TV 시청 모습의 하나가 바로 TV 시청중에 대화가 없다는 점이다. 함께 TV를 보는 가족구성원들 모두 TV에서 방영되는 프로그램에 흠뻑 빠져서 보기 때문에 옆에서 무슨 말을 하건 상관없이 TV를 시청한다.

하지만 이렇게 몰입하여 TV를 시청하고 나면 대부분의 시청자들은 허탈감을 느낀다. TV 프로그램이라는 것이 자신이 꼭 보고 싶은 영화나 연극, 음악회 등에 시간과 돈을 투자하여 봄으로써 감동을 느끼는 것이 아닌 매일매일 습관적으로, 일종의 TV 중독자처럼 시청하는 것이기 때문에 몰입하여 시청하고 난 후에는 대부분의 시청자들이 허탈감을 느낀다.

따라서 프로그램이 끝나면 "괜히 봤다" 라는 식의 아쉬움이 남게 되고, 그 현상이 좀더 심화되면 텔레비전에 대한 불신으로 치닫게 되어, 결과적으로 TV란 곧 나쁜 것이라는 고정관념이 발생하게 된다.

하지만 온 가족이 함께 TV를 시청하면서, 혹은 프로그램이 끝나고 난 뒤 함께 보았던 프로그램에 대해서 대화를 나누면 이러한 허탈감은 잊어버리게 된다. 오히려 대화를 나누는 과정에서 자신이 미처 느끼지 못했던 점을 새롭게 인식하게 된다. 특히 평소에 자녀들과 이야기하기 쉽지 않은 주제인 섹스와 폭력에 관한 프로그램이 방송되면 자연스럽게 이야기를 유도할 수 있어 좋은 결과를 얻을 수 있다.

또한 이렇게 가족간에 대화를 나누는 과정에서 부모와 자식간에, 형과 동생간에, 부부간에 공통된 생각은 무엇이고, 다른 생각은 무엇인지를 자연스럽게 알게 되고 이해하게 됨으로써 바람직한 가정내의 의사소통이 이루어 질 수 있는 계기를 만들어 준다.

바람직한 가정내의 의사소통 형태

어느 가정이든 자녀와 부모간에는 세대차이라는 것이 있다. 특히 자녀들이 이유없는 반항기에 접어들었거나 사춘기의 중학생이라면 그 어느때보다도 부모와 자식간에 대화가 필요하다.

특히 최근에는 많은 가정문제가 그 위험수위를 넘어서 사회문제화되고 있다. 이혼율의 급증, 청소년 범죄의 증가, 가출, 비행 청소년의 증가, 심지어는 존속 살인에 이르기까지 오늘날의 가정은 그 어느때보다도 위기에 처해 있다. 문제의 심각성으로 인해 UN은 94년을 '세계가정의 해'로 선포하기까지 했다.

가정 내 문제점의 원인을 따지고 들자면 여러 가지가 있겠지만 대표적인 것이 바로 가족간에 대화가 단절되어 있다는 점이다.

다음은 가정내의 대화 형태를 통해서 나누어 본 4가지 유형이다. 비록 외국의 예이지만 우리와도 큰 차이는 없다. 과연 우리 가정은 어떤 유형의 가정인지 한번 확인해 볼 필요가 있다.

첫번째는 자유방임형 가정이다. 부모가 자녀의 사회관계나 자아확립에 전혀 개의치 않는 유형이다. 이 가족에 해당하는 어린이들은 부모의 견해에 특별한 이유없이 반항하거나 도전하는 경향이 있지만, 그렇다고 부모들은 자녀들이 독립적인 사고를 갖출 수 있도록 다양한 정보와 접촉할 수 있는 계기를 만들어 주지도 않는다.

두번째는 자유방임형과 반대인 과보호 가정형이다. 이 가정에서의 아이들은 사회생활 규범이 지나치게 강조되어 독창적인 생각이나 의견을 갖지 못하게 된다. 따라서 이런 가정의 아이들은 부모의 의견에 반대되는 생각은 할 수가 없고 기존의 사회가치 규범만을 받아들인다.

세번째는 다원적 가정유형으로서 비교적 사회적 제한을 덜 받는 상태에서 자신의 독립적인 의견과 태도를 다양하게 형성하고, 이를 강화시켜 나간다. 따라서 이런 가정에서 자란 아이들은 가정에서 논쟁이 되는 문제에 대해 자신의 의견을 발표할 수 있고, 부모도 이를 적극 장려한다. 그러나 한가지 단점은 개인의 독립성만을 강조한 나머지 부모와의 관계나,

사회생활에 대한 규범력이 약화되어 부작용이 나타난다.

네번째는 합의적 가정이다. 사회생활 규범뿐만 아니라 개인적인 주체로서의 독립성이 모두 강조되는 가정유형이다. 이런 가정에서 자란 어린이는 문제에 대한 자신의 생각을 기존의 사회 가치 체계와 조화시켜 나가려 하며, 부모의 생각을 알고 자신의 가치에 적응시키는 성향을 갖게 된다.

위의 4가지 가족 유형 중에 가장 바람직한 가정의 모습은 네번째 합의적 가정이다. 하지만 우리의 경우 이 가정에 속하는 수는 그리 많지 않다. 특히 TV시청만으로 한정했을 때 대부분이 두번째 과보호형에 속한다고 할 수 있다. "TV라는 대중매체는 나쁜 것이다" 라는 기본적인 인식 하에 TV로부터 아이들을 보호해야 한다는 고정관념이 대부분의 시청자들을 지배하고 있는 것이다.

텔레비전을 보면서 자녀들과 끝없이 대화해라

특히 어린이들에게 있어서 대화는 필수적이다. 그 이유는 어린이들에겐 기본적으로 사고의 틀이 확립되어 있지 않다는 점도 있지만, 오늘날의 방송 중에는 어린이들이 보아서는 안 될 것들이 너무도 많기 때문이다.

우리나라의 방송계는 최근 몇 년간 획기적인 변화를 맞고 있다. 기존의 KBS, MBC 양 방송사의 공영방송 체제에서 상업방송인 SBS의 출현으로 시작된 시청률 경쟁, 95년도에 이르러서 27개 채널이라는 케이블TV의 등장으로 인해 공익적인 방송보다는 상업적인 방송으로 그 모습이 변해가고 있다. 따라서 시청률 경쟁을 위한 저질 프로그램 논쟁이 계속되어 오고 있고 특히 시청률에 상관없는 어린이, 청소년 프로그램들은 홀대를 받고 있다.

이런 상업적인 방송으로부터 어린이들을 보호하기 위해서는 함께 TV를 보면서 대화를 나누어야 한다. TV를 함께 보면서 부모는 어린이들에게는 받아들여야 할 것과 받아들이지 말 것을 1차적으로 걸러내주는 수문장(Gatekeeper)역할을 충실히 수행해야 할 것이다.

TV를 보면서 자녀와 대화를 나누는 것이 무엇보다 필요하다.

　기존의 공중파 방송의 가족 시간대는 대부분이 드라마, 퀴즈, 쇼, 버라이어티, 코미디 등 오락프로그램 일색으로 편성되어 이를 함께 시청할 때 더욱 세심한 주의가 필요하다. 저속한 대사, 가수들의 선정적인 춤, 코미디언의 유행어 남발과 몸짓 등은 어린이들에게 그대로 받아들여질 수 있기 때문이다.

　특히 드라마는 그 내용이 대부분 우리 사회와 가정을 다루고 있어 아이들에게 자연스럽게 가정 내의 문제를 대화로 이끌 수 있는 계기가 될 수 있음에도 어린이들이 함께 보기에는 부모들의 낯 뜨거운 장면과 내용들이 많고, 현실과 동떨어지게 문제를 확대하거나 일부분만을 보여주어 시청자들에게 혼란을 주는 경우가 많다. 따라서 이를 적절하게 걸러내고, 선별하여 프로그램을 선택하는 것도 부모들의 할 일이다.

　드라마에서는 어느 가정에서나 겪는 고부간의 갈등, 어린이·청소년 교육 문제, 결혼 문제 등을 다양하게 그리고 있어 그 내용들을 적절하게 이용하면 좋은 대화의 소재를 얻을 수 있다. 그런 드라마 중에서 가족들이 함께 시청하고 함께 얘기를 나눌 수 있는 대표적인 프로그램으로 MBC의 장수 프로그램이자 가족 드라마의 대표적인 프로그램인 「전원일기」를 들 수 있다.

　「전원일기」는 무엇보다도 오늘날 대부분이 도시에서 자란 아이들에게 농촌에 대하여 자연스럽게 이야기할 수 있게 해주고 증조 할머니를 모시는 회장댁의 모습에서 사라져 가는 효를 상기시키며 얘기할 수 있게 해준다. 그리고 고부간의 갈등, 자녀들의 교육 문제, 결혼 문제 등 우리사회가 현재 직면하고 있는 문제점들에 대해 유효 적절하게 그리고 있기도 하다. 특히 「전원일기」내용 중에는 농촌이 처한 어려움이라든가, 농업이라는 직업에 대한 고됨과 그에 비례한 신성함, 이웃간에 정답게 살아가는 모습 등이 잘 나타내고 있어 자녀들과 많은 이야기를 나눌 수 있다.

이 밖에 아이들과 함께 이야기를 나눌 수 있는 프로그램으로는 다큐멘터리를 꼽을 수 있다. 다큐멘터리 중에서도 자연 다큐멘터리는 특히 미취학 어린이들이 가장 좋아하는 소재이다. 아프리카 초원의 야생동물들, 아마존 밀림의 기기묘묘한 생물들, 남극과 북극의 신비함 등 모든 것들이 어린이들의 흥미를 끌 수 있고 상상의 나래를 펼 수 있는 기회를 준다.

자녀들과 TV 프로그램에 대한 이야기를 나눌 때 주의할 점이 몇 가지 있다.

첫째, 강압적이 아닌 부드러운 분위기에서 대화를 유도하고 둘째는 자녀들이 자신의 의견을 정확하게 표현할 수 있도록 도와주어야 한다. 대부분의 어린이들은 어른들처럼 표현력이 세련되지 못한 것이 사실이다. 잘못 표현했더라도 답답해하지 말고 자녀들이 어떤 말을 하는지 그 말속에 담긴 뜻이 무엇인가를 어린이의 입장에서 생각한다. 처음부터 무슨 말을 해야 할지 막막한 부모들은 먼저 "프로그램 재미있니", "프로그램에 나온 어떤 사람이 좋더라"라는 식으로 줄거리나 주인공의 성격을 먼저 얘기하거나, 표현하면 자연스럽게 대화를 이끌어 갈 수 있다.

어린이와의 대화에서 무엇보다 중요한 점은 부모들이 TV를 보면서 느끼고 이해했던 점을 그들에게 어떻게 전달하고 공유할 것인가 하는 문제이다. 여기에서 절대 감정이 들어가면 안되는 것은 물론이다. 일부 다혈질적인 부모들은 TV에 지나치게 몰입하여 시청한 나머지 TV 프로그램의 내용에 대해서 쉽게 흥분하는 경우가 많은데 그런 식으로 아이들과 대화를 한다면 도움이 될 것이 하나도 없다. 강압적인 분위기가 아닌 차분하고 다정다감한 분위기를 유도함과 아울러 부모가 느꼈던 프로그램 내용에 대해서 말을 하고 아이는 어떻게 느꼈는지를 잘 듣는다.

특히 TV에 나온 어린이들과 자신의 자녀들을 비교해서는 안된다. 왜냐하면 대부분의 TV에 나오는 아이들은 지나치게 똑똑하거나, 애늙은이같은 대사를 하는 등 현실적인 어린이보다 몇 살 위의 지능과 태도로 표현되기 때문이다.

TV는 훌륭한 간접경험의 장, 무작정 자녀를 혼내지 말자

TV 프로그램을 본다는 것은 비록 영상속이지만 또 다른 실제의 세계와 연결된 통로를 걷는 것이라고 할 수 있다. 물론 TV라는 화면속에 담겨져 있는 모습들이 사회 전체를 다루지는 않는 한정된 모습인 것만은 사실이다. 즉 나무만을 보고 숲은 보지 못하는 경향이 있다. 그럼에도 TV는 아이들에게 새로운 흥미거리와 아이디어를 계속해서 제공함으로써 흥미를 유발시키고, 지금까지 겪어 보지 못했던 또 다른 세계를 경험할 수 있는 장을 만들어 준다.

만약 어린이들이 한 프로그램에 대해 감동을 받았다거나, 계속해서 프로그램 내용에 대해서 의문을 가질 때는 관련 자료를 찾아 좀더 생생한 경험을 하도록 도와주어야 한다. 다음의 사례는 자녀들이 TV를 시청하면서 충분히 예상되는 현상들로서 시청교육에 많은 참고가 될 것이다.

사례 1) 아이들과 함께 TV를 보면서 부모와 자식간에 종종 의견 대립이 일어난다. 이럴 때는 그냥 부모의 의견을 아이들에게 일방적으로, 혹은 강압적으로 전하는 것 보다는 참고 도서를 찾든지 도서관에 가서 대립되는 의견에 대해 심층적으로 탐구를 할 필요가 있다. 물론 아이와 함께 간다면 더욱 좋다.

사례 2) 만약 프로그램 중간에 광고를 한다거나, 연속해서 방송을 하는 프로그램일 경우는 어떤 내용이 전개될 것인가를 자녀들에게 물어 본다. 이러한 질문들은 자녀들에게 말하는 기술과 창조적인 두뇌발달에 도움을 준다.

사례 3) 자녀들이 그림이나 글을 쓰는 데 있어서 TV는 창조적인 표현에 도움을 줄 수 있다. 좋은 프로그램, 혹은 부모와 함께 감동을 받았던 프로그램이 있으면 꼭 프로그램이 끝나고 대화를 나누어 아이들에게 자신이 감동을 받았던 부분과, 부모들이 감동을 받았던 부분을 함께 공감하는 시간을 갖도록 한다. 어린시절 침대에서 들었던 좋은 이야기에 대해서 어린이들이 뚜렷한 기억을 하는 것 처럼 좋은 프로그램에 대한 기억은 오래 남는다.

사례 4) 만약 부모들의 부주의로 좋은 프로그램을 놓쳤다면, 그 프로그램에 대해 아이들에게 말을 하게 한다. 그 프로그램을 시청함으로써 어떤 점이 좋은지에 대해서 물어본다. 이는 자녀들과 대화에 있어서 기술적인 발전을 가져올 수 있다.

4. TV 시청일기 이렇게 써 본다

가정에서 TV를 비판적으로 수용하고 정보매체로 유익하게 활용하기 위해서 가장 좋은 방법으로 알려진 것이 바로 TV 시청일기를 쓰는 것이다. 과연 우리 가족들은 매일매일 어떤 프로그램을 주로 보는지, 지나치게 오락적인 프로그램만을 보지는 않는지, 좀더 TV를 올바르게 이용할 수는 없는지를 알 수 있는 좋은 방법이다. 정확한 측정은 우리 가족이 어떻게 TV 시청습관을 바꾸어야 하는지의 방법을 제시한다.

TV 시청일기장 만들기

TV 시청일기에는 특별한 양식이 있는 것은 아니다. 큰 종이, 공책 한 권, 연습장 등 아무 것이나 좋다. 한 권을 구입하여 일주일치 달력과 아침부터 잠자기 전까지 시간을 적으면 된다. 여기에 무슨 요일, 몇 시에, 어떤 프로그램을, 누구와 함께, 얼마만큼 보았고, 시청후에 느낌을 적는 난을 만든다. 이밖에 다른 독립된 난에 식구들 각자가 프로그램을 보고 난 후의 소감을 간단하게 작성한다.

한편 기타란에는 TV 외에 보았던 비디오, 영화 등도 함께 기록하여 나중에 참고자료로 남겨 놓는 것이 좋다. 꼭 월요일부터 작성할 필요도 없고, 일기장을 멋있게 만들 필요도 없다. 중요한 점은 TV 시청일기장을 항상 TV 옆에 눈에 잘 띄게 만들어 놓고, 아무 요일이나 일단 시작하는 것이 중요하다.

TV 시청일기 쓰는 법

시청일기를 쓴다는 것은 사실상 귀찮은 일이다. 마치 초등학교 때 일기숙제를 하루도 안 빠지고 쓰는 것이 어렵듯이 TV 시청일기를 쓴다는 것은 어려운 일이다. 특히 TV 시청을 한다는 가장 큰 목적 중에 하나가 편안히 휴식을 취하는 것인데 시청일기를 써야 한다는 점은 때에 따라서는 여간 귀찮은 것이 아니다. 하지만 TV시청일기를 씀으로써 자신과 가족 모두의 TV 시청습관은 물론 정서적 건강에 결정적인 역할을 한다는 사명감을 갖고 시작한다면 그리 어려운 일도 아닐 것이다.

처음부터 완벽하게 적으려고 노력하지 않아도 된다. 일단 처음에는 가족들의 시청 흐름을 알아 보기위해 기본적인 사항인 무슨 요일, 몇 시에 얼마 동안, 어떤 프로그램을 보는지를 충실하게 적으면 된다.

가족들 중에 누가 쓰는가를 결정하는 일도 중요하다. 식구 각자가 하기 어려울 때에는 한 사람이 적어도 무방하다. 하지만 어린이들의 경우는 정확히 기재하기가 어렵다. 부모가 혹은 중·고등학교에 다니는 자녀가 써도 무방하다.

일단 시작한 후부터 몇 주일은 가족들에게 평상시대로 TV를 시청하게 해야 한다. 평소에 하던대로 가족들 각자가 보고 싶은 프로그램을 보면 된다는 것을 주지시킨다.

다음의 시청일기 쓰는 법은 이미 TV 시청일기를 실천한 바 있는 경기도 부천 YMCA에서 제시한 TV 시청일기 쓰는 방법을 기초로 다시 작성하였다.

(1) 날짜와 작성자를 정확하게 쓴다.

(2) 시간대 별로 시청한 프로그램과 채널번호를 쓴다

(3) 가족의 이름을 적은 후 함께 시청한 가족까지 적는다.

(4) 계획적인 시청인지 즉흥적인 시청인지 구별하여 적는다. 즉흥적인 시청이었다면 그 이유를 적는다.

(5) 특별히 어린이들의 경우는 누구와 어떤 프로그램을 얼마나 보았는지 적는다.

(6) 어린이들이 텔레비전을 볼 때 부모님의 허락을 받았는지 작성한다.

(7) 우리 가족의 시청형태를 적는다. 특별한 시청습관이 있으면 적는다.

(8) 프로그램 평가란에 TV 프로그램을 시청한 후 좋았던 점과 나빴던 점을 적는다.

(9) 가족이 함께 프로그램을 시청할 때 토론을 할 필요가 있는 주제에 대해 그 내용을 적는다.

(10) 매일 가족들의 시청태도를 검토해 보고 반성할 점을 적는다.

(11) TV 프로그램만을 기재하지 말고 비디오 대여점에서 빌려 본 비디오와 극장에서 본 영화도 기재한다.

TV 시청일기 평가하기

한 주일이 지나면 부모는 그 주에 보았던 시청일기를 보고 평가를 한다. 시청일기를 쓰고 평가를 하지 않으면 아무 소용이 없다. 귀찮더라도 한 주에 한번은 꼭 평가를 한다. 특히 자녀들보다 우선적으로 평가할 사항은 바로 부모들의 시청태도이다. 부모라는 입장에서 느긋하게 시청하지 않았는지, 아이보기가 귀찮다고 해서 아이를 TV앞에 갖다 놓은 것은 없는지, 자신은 계획된 시청을 했는지, 아이에게 제대로 시청교육을 시켰는지 먼저 평가해 볼 필요가 있다. 다음은 TV 시청일기의 평가 리스트이다.

첫째, 가족들이 일주일 동안 얼마만큼 TV를 보았는가에 대한 총 시청시간을 계산하고, 가족 구성원 각자는 얼마나 보았는가를 살펴보고 그 적당치를 살펴본다.

둘째, 어떤 프로그램을 중점적으로 보았느냐를 살펴본다. 지나치게 스포츠, 드라마, 쇼, 퀴즈, 영화 등 오락 프로그램 중심으로 보지 않았는지 살펴본다. 특히 아이들이 시청한 프로그램을 집중적으로 살펴본다.

셋째, 가족 중에 미취학 아이들은 특별히 관리할 필요가 있다. 언제, 누구와 얼마만큼 보았는지 살펴본다. 특히 아이들이 성인용 프로그램을 보았는지, 혹은 특별히 성인용 비디오를 함께 보았는지, TV를 본다고 떼를 쓰지 않았는지, TV

시청을 하기 전에 부모의 허락을 받았는지 살펴본다.

넷째, 계획대로 시청을 했는지 안했는지를 평가한다. 아이들의 경우는 무계획적으로 혹은 즉흥적으로 TV를 시청하는 경우가 있을 수 있고, 물론 성인들도 마찬가지이다. 특별히 계획했던 시청이 아니었으면 어떤 프로그램을 왜 시청했는지 살펴 볼 필요가 있다.

다섯째, 가족들의 시청태도를 평가한다. 혹시 누워서 시청하거나, 몰입해서 시청을 하지는 않았는지, TV와의 거리는 적당한지, 숙제나 공부를 하면서 시청하지 않는지 등을 평가한다. 특히 이전과 비교하여 좋아진 점과 잘못된 점이 있는지를 기록한다.

여섯째, 특별히 부모들의 시청형태를 따로 점검한다. 우리의 가정은 부모와 함께 시청하는 경우가 대부분이기 때문에 부모의 시청습관과 형태가 그대로 아이들에게 전달된다는 점을 명심한다. 부모의 시청태도와 습관을 꼼꼼히 살펴볼 필요가 있다. 평가가 끝나면 주중 혹은 주말 하루를 정하여 평가한 항목에 대해서 가족회의를 개최하고 다음주에는 어떤 변화를 주어서 시청계획을 작성할 것인지를 살펴본다.

TV 시청원칙 정하기

평가가 끝나면 이를 기초로 하여 각 가정에서는 원칙을 정하는 것이 좋다. 예를들면 어린이들이 TV를 보기 전에 부모의 허락을 받지 않을 경우에는 "TV 보기 전에 부모 허락받기"라는 원칙을 세워 이를 아이들에게 주지시키면 된다. 되도록이면 TV 옆에 잘 보이는 곳에 표어 형식으로 써 놓으면 더욱 좋다. 어른들도 마찬가지이다. 엄마가 드라마를 많이 볼 경우는 "엄마는 드라마 적게 보기"라는 원칙을 만들면 된다. 또한 온 가족의 원칙으로 식사시간에 꼭 텔레비전을 보는 가정이라면 "식사시간에는 텔레비전 안 보기"를 정하면 된다.

다음은 그 동안 우리나라 가정에서 대부분 문제가 되었던 시청형태를 기초로 만든 올바른 시청방법 10가지이다. 어린이와 어른들이 함께 TV 시청 원칙을 세우는데 도움이 될 것이다.

올바른 TV 시청방법 10계명

1. 몰입 시청안하기(가족과 대화하면서 시청하기)
2. 어린이 혼자 시청하지 않기 (어린이는 어른과 함께 시청하기)
3. 습관적으로 시청하지 않기(정해진 프로그램만 시청하기)
4. 편식 시청하지 않기(다양한 장르의 프로그램 시청하기)

5. 누워 시청하지 않기(적당한 거리와 바른 자세로 시
   청하기)
6. 방송은어, 속어 따라하지 않기(항상 바른 언어만 사
   용하기)
7. 어린이에게 리모콘 주지 않기(항상 어른이 가지고
   있기)
8. 항상 TV를 켜 놓고 있지 않기(정해진 시간 외에 끄기)
9. TV 안보는날 정하기(일주일 중 하루를 가족 간에 상의
   해서 정하기)
10. TV 시청일지 작성하기(온 가족이 함께 작성하기)

또한 다음은 지난 1990년 11월에 부천 YMCA 언론매체
감시분과에서 실시한 시청일기 쓰기에 참여한 3백여 세대들
이 직접 체험에 의해 작성한 실천과제 들이다. 역시 가정 내
에서 TV시청 원칙을 정하는데 도움이 될 것이다.

1. 불필요한 TV 시청을 절제하자.
2. 프로그램에서 나오는 말, 행동을 자녀들이 모방하지 않
   도록 주의하자.
3. 미디어 일기 쓰기를 습관화하자.
4. 프로그램 선별능력을 기르자.
5. 오락보다는 교양프로그램을 많이 시청하자.

6. 어린이의 시청시간은 부모와 의논해서 정하도록 하자.

7. TV를 보다 적게 사용하는 방으로 옮기자.

8. 유익한 프로그램을 녹화해 주고 온 가족이 함께 보도록
   하자.

9. 남편의 주말 TV 시청습관을 바꾸도록 하자.

10. 방송순서를 미리 알고 계획적인 TV 시청습관을 갖자.

11. 어린이 프로그램은 가능한 한 부모가 함께 시청하도록
    하자.

12. TV를 무조건 못 보게 하는 대신 왜 나쁜가를 설명해
    주자.

5. TV 시청교육의 목표

TV 시청교육은 아동들에게 TV 프로그램에 대해 주체적으로 받아들이고 좋은 점과 나쁜 점을 선별할 수 있는 능력을 키워주는 것이다. 그 결과 TV를 단지 오락용이나 시간때우기식이 아닌 교육용으로, 문화정서를 키우는데 도움이 될 수 있도록 하는 것이다.

현대생활에서 '만약 TV가 없다면' 이라는 가정을 한번 생각해 보자. TV를 통해서 현대인들은 삼풍백화점 사고가 얼

마나 허무하고 무서운 사건인가를 깨닫게 되고, 성수대교 붕괴가 어떻게 해서 일어났는지를 알 수 있다. 또한 TV는 세상 돌아가는 모든 것을 우리들에게 보여주고, 세상사는 사람들의 목소리를 들려주는 현대인들의 눈과 귀 역할을 한다. 평소에는 인식을 할 수 없지만 단 며칠간만이라도 TV를 보지 못하면 많은 사람들이 답답해 견딜 수가 없을 것이다.

우리는 어쩔 수 없이, 비록 TV라는 매체가 우리 아이들에게 많은 해를 준다고 해도 일단 받아들여야만 한다. 마치 한 가족처럼 우리는 TV를 껴안아야 한다. 알게 모르게 TV는 이미 각 가정의 주요한 일원이 된 것이다. 안방에서도 가장 좋은 자리를 차지하고 앉아 있는 것이 바로 TV이다.

무엇보다 TV에 대한 올바른 이용방법을 터득하여 가정에서 미운 오리새끼가 아닌 정보의 보고로서, 훌륭한 교육매체로서 활용하는데 지혜를 모아야 한다. 이를 위해서는 일단 TV에 대해서 알아야 한다. 전문적인 지식보다는 TV란 어떤 것인가 라는 것쯤은 알아야 한다.

아이들은 TV 프로그램 제작의 기본적인 면을 잘 알지 못하기 때문에 대부분의 어린이들이 TV에 나오는 화면을 모두 사실의 화면인 것으로 안다. TV에서 나오는 공포물의 경우 귀신이 등장해도 그것이 진짜인줄 알고, 시트콤에 나오는 웃음소리가 효과음으로 삽입되었는지를 알지 못한다.

하지만 이러한 과정을 알게 되면 TV에서 나오는 대부분의 화면들이 제작진들의 의도적인 과정에 의해 만들어진 허구의 세계라는 것을 이해할 수 있다. 특히 미취학 아동들과 초등학교 저학년 아이들은 이러한 제작 과정을 이해하지 못하지만 초등학교 4학년 이상 고학년으로 올라가면 프로그램 제작과정에 호기심을 느끼고 서서히 깨우치게 된다.

TV 제작과정을 알기 위해서 가장 좋은 방법은 적당한 시간을 내서 아이들과 함께 방송국에 견학을 가는 것, 프로그램 야외 녹화현장을 찾아가는 것, 쇼프로그램이나 퀴즈 프로그램에 방청객으로 참여하는 것이 좋다. 물론 시청자 참여 프로그램에 직접 출연자로 참여하는 것이 백번의 설명보다 좋다.

대부분 어린이들은 방송국에 대한 막연한 동경심을 가지고 있다. 특히 연예인들에 대해서는 특별한 환상을 가지고 있다. 이러한 환상을 깨우치고 프로그램 제작의 기본적인 과정과 어려움을 알기 위해서는 방송국을 견학하는 것이 가장 좋다.

견학을 갈 때에는 꼭 부모님과 함께 가는 것이 좋다. 물론 방송사 견학에는 가이드가 안내하지만 부모도 함께 따라가는 것이 좋다. 대부분의 부모들도 특별히 프로그램 제작에 대한 기본과정을 알지 못하기 때문이다. 따라서 아이와 부모가 함께 가서 직접 관찰하고 이해하는 것이 가장 바람직하다.

6. 한 채의 집을 짓는 것과도 같은
프로그램 만들기

한편의 TV 프로그램을 만드는 과정은 마치 집 한 채를 짓는 것과 같다고 할 수 있다. 한 채의 집을 지으려면 일단 땅이 있어야 하고 설계를 하며 건축허가를 받는다. 그리고 건축재료를 결정하고 건축회사에 의뢰하여 본격적으로 집을 짓는다. 다 짓고나면 최종적으로 준공검사를 받는다. 이렇게 집을 짓는 과정과 한편의 드라마를 제작하는 과정을 비교하면 이렇다.

먼저 건축 설계를 한다는 것은 프로그램 기획안을 만드는 것과 같다. 설계도면은 프로그램 기획안과 같다. 기획안을 완성하기 위해서 PD는 자료수집을 통해서 드라마의 주제, 형식(주말드라마, 연속극, 단막극, 특별극 여부의 결정), 제작비, 제작기간 등 프로그램 제작의 모든 과정을 결정하고, 가장 중요한 작가를 결정한다.

건축허가를 받는 것은 PD가 방송사 간부들에게 프로그램 기획안에 대해 결재를 받는 것과 같고, 건축자재를 결정하는 것은 주연과 조연 등의 출연진과 AD, 카메라맨, 분장, 소품 등 제작진들을 결정하는 것과 같다. 이 때 PD는 작가에게 미리 대본을 받아 콘티를 작성하고, 어디에서 촬영을 할 것인가를 결정한다. 야외촬영일 경우는 어디에서 촬영할 것인가를

결정하는 장소 헌팅에 들어간다. AD는 촬영 스케줄과 출연
진 섭외 등을 담당한다.

　본격적으로 현장에서 집을 짓는 것은 스탭들과 함께 스튜
디오에서, 혹은 야외에서 촬영하는 과정과 같다. 마무리 작
업으로서 마감재를 사용하여 집안 단장을 하는 것은 촬영한
필름을 편집하고 다양한 음향효과 혹은 녹음을 삽입하는 것
과 같고, 마지막 준공검사를 받는 것은 완성된 프로그램을 가
지고 방송사 간부진과 관련자들이 모두 모여 시사회를 하여
최종적으로 어떤 프로그램을 무슨 요일에 방송될 것인지를
결정하는 것과 같다.

　여기서 집을 한옥으로 지을 것인가, 양옥으로 지을 것인가,
그리고 집의 구조와 기능을 어떻게 할 것인가에 대한 과정은
프로그램에서 PD와 작가가 어떤 메시지를 시청자들에게 보
여줄 것인가를 결정하는 것과 같다. 이러한 모든 과정들은

한편의 프로그램을 만들려면 한 채의 집을 짓는 것과 같은 힘들고
복잡한 과정을 거쳐야 한다.

수많은 기술자와 전문가들이 모여서 한 채의 집, 혹은 한편의 프로그램을 만드는 것이다.

집을 지으려면 설계사는 설계를 하고, 목수는 전체적인 집의 모양을 잡고 레미콘 회사는 구체적인 집의 뼈대를 만든다. 이밖에 이들을 도와주는 인부들, 집안을 치장하는 인테리어, 도배사, 창문과 문을 만드는 사람들 등 수 많은 사람들이 필요하다.

TV 프로그램도 마찬가지이다. 전체적인 기획은 PD가 하지만 구체적인 촬영 스케줄과 섭외 등은 AD가 맡는다. 이밖에 작가는 대본을 쓰고, 배우는 연기를 하고, 카메라맨은 촬영을 한다. 그리고 소품은 세트를 세우고, 분장은 출연자들을 분장시킨다. 이렇게 많은 분야의 사람이 필요하기 때문에 보통 드라마 야외 촬영을 한번 나가려면 최소한 스탭들을 수송할 버스와 현장에서 조명을 사용하기 위한 발전차, 소품이 많이 필요한 사극인 경우는 수 대의 트럭이 함께 출발하곤 한다.

그리고 무엇보다도 집을 짓는 것과 프로그램 제작 과정이 비슷하다는 점은 한번 해 보면 다시는 하고 싶은 생각이 들지 않을 만큼 어렵고 힘든 작업이라는 점이다.

한번 자기 집을 지어 본 사람이라면 집을 짓는 것이 얼마나 어려운 일인가를 안다. 단지 집을 지을 땅이 있고 돈이 있다고 해서 되는 것은 아니다. 건축허가 과정에서 복잡한 구비

서류며 허가 과정에서의 오랜 기간 사람의 진을 다 빼놓는 일들이며, 집을 짓는 과정에서도 자재값이 오르기도 하고, 하청업자가 부도가 나는 경우도 비일비재하다. 물질적, 정신적으로도 많은 어려움이 뒤따른다.

프로그램 제작도 마찬가지이다. 처음 어떤 프로그램을 만들 것인가에 대한 기획에서부터 작가를 선정하고 유능한 카메라맨, 순발력 있고 저돌적인 AD, 그리고 뛰어난 실력을 소유한 연기자 를 선발하는 것까지 짧게는 몇 개월에서 많게는 몇 년까지 오랜기간 동안 수 많은 과정의 어려움이 도사리고 있다.

이러한 힘든 과정 속에서 프로그램 제작을 총책임을 지고 있는 PD는 매 순간 많은 결정을 통하여 한편의 프로그램을 완성해 간다. 어떤 프로그램을 만들 것인가에 대한 결정에서부터, 작가를 정하고, 드라마인 경우는 어디서 야외촬영을 할 것인지 헌팅을 나가고, 현장에 나가서도 그때 그때 상황에 맞게 콘티를 수정하기도 한다. 한편의 프로그램이란 이러한 일련의 과정 속에서 만들어지고 그 세계에 시청자들을 초대하는 것과 같다.

7. 좋은 프로그램의 기본은 돈과 사람

하나의 프로그램이 기획, 제작되어지는 과정에 가장 많은 영향을 주는 것은 크게 네 가지를 든다. 첫째는 뭐니뭐니해도 PD 개인의 개성이나 경험에 의한 판단이고, 둘째는 그가 속해 있는 방송국의 제작 이념이고, 셋째는 제작비, 넷째는 다른 방송사와의 시청률 경쟁이다.

이들 네가지 중에서 어떤 점이 프로그램 제작에 가장 많은 영향을 줄 것인가에 대한 점은 우열을 가리기가 힘들다. 모두 다 중요하기 때문이다. 특히 제작비 문제는 모든 외적인 문제를 떠나서 직접적인 문제로서 항상 중요시됐던 사항이다.

제작진들은 좋은 프로그램의 기본적인 요소로 사람(Man)과 돈(Money)을 지적했다. 유능하고 전문적인 지식을 갖춘 사람이 충분한 제작비를 가지고 프로그램을 만든다면 좋은 프로그램이 나온다는 뜻이다. 특히 요즘같이 인건비가 상승되고, 최첨단 시스템이 개발되면서 제작비가 하루가 다르게 올라가고 있는 상황에서 제작진들은 돈, 즉 제작비가 프로그램의 질을 결정한다고까지 말한다. 하지만 과거에는 이들 사람과 제작비보다는 방송사의 제작 이념과 다른 방송사와의 시청률 경쟁이 프로그램 제작에 중요한 기준이었다.

국영방송과 공영방송 체제로 넘어오는 우리의 과거 방송사 속에서 TV에 방송되는 모든 프로그램들은 개성이나 다양성보다는 사회적 역할을 중요시해왔다. TV는 일정부분 사회 계도적인 역할을 해야 한다는 것이었다. 따라서 제작지침이 상부에서 하달되고 PD들은 이에 맞추어서 충실하게 프로그램을 제작하였다.

하지만 그 하달지침을 너무도 중요시한 나머지 사회적으로 민감한 문제들은 기피하거나, 정치적 영향에 흔들려 오히려 커다란 역효과를 낳는 경우도 있다. TV 프로그램 중 가장 시청률이 높다는 「9시 뉴스」의 경우 5공화국 시절, 시작과 동시에 전두환 대통령의 소식이 방송된다고 하여 '땡전뉴스'라는 별명을 얻었고, 정부의 잘못된 점은 지적하지 않고 오히려 축소하거나 은폐에 앞장섰다고 하여 '정부의 시녀'라는 별명까지 얻었다.

또한 시청률 경쟁은 과거의 프로그램 제작에 막대한 영향을 미쳤다. 즉 기존의 방송사들이 운영자금을 MBC의 경우는 100% 광고비로, KBS의 경우도 약 2/3가 광고료로 충당했다는 점에서 방송사간의 밥그릇 싸움이 치열했던 것이다. 따라서 일단 방송의 공익성보다는 시청률을 올리는데 급급하였고 그에 따른 부작용으로 프로그램의 저질화가 가속화되었던 것이다. 특히 편성에 있어서도 가족시청 시간대는 말할 것도 없고 중요 시간대에는 어김없이 오락 프로그램이 편성되었다.

과거의 이런 모습은 서울방송의 개국과 케이블TV의 개국으로 많이 바뀌기 시작했다. 물론 방송사간의 시청률 경쟁은 방송이 존재하는 한 영원한 지속될 것으므로 논외(論外)로 하고, 이제는 적어도 정부의 눈치나, 방송의 사회적 책임면보다는 PD의 개성이 담긴 프로그램 완성도에 주력하고 있다는 점이다.

물론 오늘날에도 방송사가 정한 기본적인 제작이념과 편성이념을 거슬리는 것은 아니지만 그것보다는 프로그램을 담당하는 PD의 개성이 프로그램 제작에 더욱 많은 영향을 미치게 되었다. 즉 모든 프로그램 제작 과정에 PD는 자신의 지금까지의 경험과 감각, 그리고 작가, 기술감독, 미술감독 등 스탭들과 상의하여 최종 결론을 내린다. 이제는 프로그램 하면 방송사보다는 누구누구 PD의 작품이라는 것이 먼저 거론되고 있다는 점에서 이러한 추세를 읽을 수 있다.

결국 TV 프로그램은 PD라는 개인을 중심으로 그 주변의 여러가지 제작에 따르는 직, 간접적인 요인들의 영향에 의해 만들어진 작품으로 시청자들은 PD의 세계로 초대되는 것이다. 따라서 PD의 개성에 따라서 다양한 프로그램이 제작되어 진다고 할 수 있다.

8. 피곤하고, 더럽다는 PD라는 직종의 낮과 밤

일반 사람들은 방송인에 대해 몇 가지 고정관념이 있다. 고소득의 특권적인 계층의 사람들이라는 점과, 일반 직장과 달리 넥타이를 매지 않고, 청바지를 입고 일 할 수 있는 자유로운 곳에다가 자신의 창의력을 끊임없이 발휘할 수 있는 곳이라는 생각이다.

따라서 X세대로 지칭되는 요즘의 대학생들에게 방송사는 한번쯤은 자신의 평생직장으로 생각해 보고 싶은 곳이 되었다. 그 덕택에 방송사 입사 경쟁률은 수백 대, 수천 대 1을 기록하고 있고, 언론고시라는 말까지 나오게 되었다.

PD는 특히 대부분의 사람들에게 선망의 대상이 되고 있는 직업이다. 사실 우리나라와 같은 프로그램 제작 시스템에서 PD가 차지하는 비중은 매우 높다. PD라는 말은 미국 본토에서는 제작자(Producer)라는 뜻을 가진다. 즉 실제 프로그램을 제작하기보다는 프로그램을 기획하는 등 연출 이외의 모든 일을 하는 사람을 말하고, 프로그램 제작의 핵심인 연출자(Directer)가 따로 있다.

하지만 우리는 이 두 가지 일을 모두 PD가 도맡아서 하기 때문에 프로그램 제작에 있어서 PD의 역할은 대단하다고 할 수 있다. 우리나라에서 PD는 프로그램 기획, 연출뿐만이 아니라 출연진 선정, 작가 선정, 녹음, 편집 등 프로그램 제작

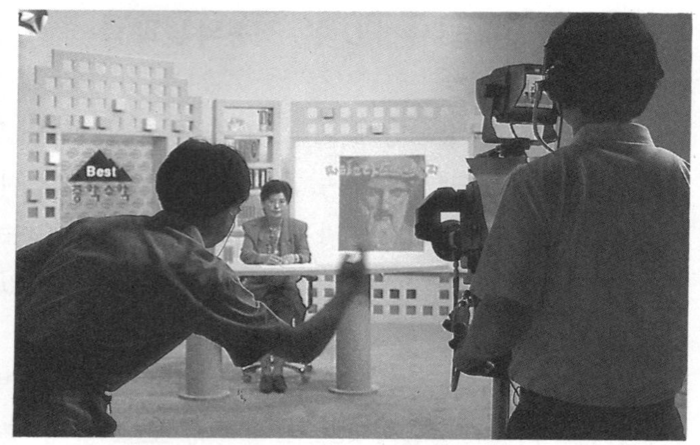

우리의 방송사에서 PD는 프로그램의 기획과 연출,
제작을 총괄하는 지휘자이다.

의 처음부터 끝까지 모든 과정을 책임지고 있다.

그만큼 PD라는 직종의 중요성으로 인해 방송사에서는 입사를 하면 당장 PD라는 이름을 붙여주지 않는다. 몇 년간 PD를 보좌하는 AD생활을 하면서 프로그램 제작의 모든 것을 배운 후에 비로소 PD라는 이름을 붙여준다.

한 명의 PD가 탄생하기에는 기존 공중파 방송의 경우 보통 4-5년은 걸린다. 이 기간 동안 단지 PD라는 직업의 환상을 쫓아온 사람들은 힘든 작업을 참지 못하거나, 적성에 맞지 않아 포기한다고 한다. 하지만 전문가들에 의하면 4-5년의 기간은 PD가 되기 위한 기초적인 수양의 기간이고 제대로 한 편의 프로그램을 만들려면 10년 이상 충분한 경험을 쌓아야만 된다고 말한다. 이렇듯 10여년 이상된 사람들을 방송사에서는 PD라는 이름보다는 감독이라고 이름을 붙여주기도 한다.

하지만 PD가 되는 길은 고달픈 길이다. 오죽했으면 'P' 피곤하고, 'D' 더러운 직업이라는 뜻으로 PD를 해석하곤 한다. 즉 최근 젊은이들 사이에 기피 직업인 3D 직업으로도 분류하곤 한다.

방송사의 프로그램들은 대부분 이러한 PD들을 중심으로 제작되며 그들은 전체 방송사를 이끄는 핵심적인 위치에 있다고 할 수 있다. 이러한 PD를 중심으로 바로 밑에는 PD를 도와 각종 행정적인 일과, 스케줄 작성, 각종 섭외 등을 맡는 AD와 AD보조가 있다.

그리고 수평적인 관계로서 기술감독과 미술감독이 있다. 기술감독과 미술감독 또한 프로그램을 제작하는데 있어서 PD와 함께 커다란 축을 이룬다. 촬영감독은 수석기술요원으로서 카메라, 조명, 마이크 등 프로그램 제작에 필요한 모든 기술적인 업무를 감독하고 지휘하는 사람이다. 미술감독은 화면에 보여지는 모든 미술관계를 총괄하는 사람을 말한다. 예를들면 무대디자인, 세트 설치, 각종 소품의 선택과 배치, 의상, 분장, 특수효과 등에 책임을 진다. 특히 쇼 프로그램의 화려한 무대, 드라마 촬영시에 각종 세트의 설계 및 설치 등을 책임진다. 기술감독과 미술감독 또한 PD 못지않게 10년 이상의 오랜기간 동안 풍부한 경험과 숙련된 기술, 그리고 전문가의 감각이 충분히 쌓여야만이 가능한 직업이다.

좋은 프로그램이란 PD를 중심으로 기술감독과 미술감독 등의 제작진들이 각자의 전문성을 충분히 발휘하면서 태어나는 것이다.

9. 어린이들의 TV 미스터리를 해결해 줄 행동 9가지

기본적인 TV 프로그램 제작에 대한 이해가 됐으면 다음으로 고민해야 할 사항은 과연 다양한 TV 프로그램이 제시하는 나오는 메시지를 어떻게 이해하고 받아들여야 하는가에 대한 점이다.

어린이들은 TV 프로그램이 어떻게 만들어지는가를 알지 못하지만 막연하게 같은 또래의 친구들을 통해서 나름대로의 상상을 하고 있다. 바로 이러한 어린이들의 상상력을 십분 발휘할 수 있게 질문을 해야 한다. 이러한 질문들은 어린이들의 상상력을 키워줄 뿐만 아니라, 그들이 보았던 프로그램을 이해하는데 많은 도움을 준다.

또 한가지 어린이들은 TV메시지 자체를 직접적으로 이해한다. 특별히 여과장치가 없다는 점이다. 이런 어린이들에게 여과장치를 만들어 주어야 하는 것이 기본적인 시청교육의 목표이다.

다음의 질문들과 행동들은 어린이들에게 TV제작에 있어서 그들이 궁금해하는 미스터리를 풀고, 그들이 본 것을 어떻게 이해하고 받아들여야 하는가에 대한 여과장치를 형성하는 과정에 도움을 준다.

첫째. 프로그램의 전체적인 줄거리에 대해 얘기해 보자. 그리고 나서 자녀들에게 이야기가 실제로 일어난 일인지, 일어나지 않은 일인지를 물어본다. 또한 과거의 이야기인지, 현재의 이야기인지, 미래의 이야기인지를 말하게 한다. 혹시 아이들이 과거에 들었던 이야기였다면 무엇이 다른가 이야기한다.

둘째, 프로그램 줄거리 중 갈등은 어떻게 해서 누구에 의해 일어나며, 어떻게 해결되는지를 토의한다. 드라마인 경우는 대부분 가정내의 문제들이 발생한다. 예를들면 결혼문제, 취업문제, 자녀교육문제, 고부간의 갈등, 세대차이 문제 등이 다양하게 표출된다. 문제들이 누구에 의해서 어떤 동기로 발생되고, 어떻게 해결되는지를 얘기한다.

셋째, 실제의 생활이 TV 내용과 연관이 있는지를 질문한다. 만약 주인공이 복잡한 문제임에도 간단하게 해결했다면 어린이들은 자신은 그렇게 할 수 없다는 점에 혼란스러워 한다. 또한 TV에서 고래가 나오면 직접 고래를 그려보게 하고 TV 옆에 항상 지구의를 두어 TV에 나오는 지명이 있으면 직접 찾아보게 한다.

넷째, 모든 프로그램 속에는 주인공이 등장하고 그 속에 선한사람과 악한 사람, 희생자가 있다. 프로그램 중에서 각각의 역할에 대하여 이야기해 본다.

다섯째, 대화 중에 아이들과 TV 화면에 보여지는 모습이 실제 생활에서 똑같이 나왔는지 안나왔는지를 질문해 본다. 특히 화면에 등장하는 아이들의 모습과 행동, 말투 등이 자신과 친구들의 모습과 비슷한지를 집중적으로 얘기해 본다. 혹은 화면에 학교가 등장하면 어떤 모습은 비슷하고 어떤 모습이 다른지를 말해 본다.

여섯째, 한 편의 프로그램 속에는 몇 편의 음악이 삽입되었는지, 한 편의 시트콤에는 몇 번의 웃음효과가 삽입되었는지, 이러한 점을 노트에 적어 보도록 한다.

일곱째, 어떤 장면이 현실감이 있고, 없는가를 질문한다. 그리고 그 장면에 대한 느낌을 질문하고 왜 제작자는 그런 장면을 삽입했는지 질문한다. 그리고 그 장면들은 어떻게 만들어졌는지를 생각하게 한다.

여덟째, 아직은 어린이들에게 어려운 질문이지만 아이들이 생각나는 장면 하나를 선택하여 카메라 각도와 음향효과에 따라 프로그램이 어떻게 달라지는지 질문을 하고, 얘기해 본다. 이러한 질문들은 어린이들에게 비판적인 TV 시청기술을 배우는데 좋은 여건을 만들어 준다. 소리를 줄이고 직접 나레이션을 해 보거나 음향 효과를 넣어 보게 하는 것도 좋다. 장면마다 어울리는 음향 효과는 어떤 음악이 어울리는가를 생각하게 한다.

아홉째, 만약 집에 캠코더가 있거나 쉽게 구입할 수 있다면 아이들에게 직접 프로그램을 제작할 수 있도록 용기를 불어넣어 준다.

10. 텔레비전에 등장하는 몇 가지 왜곡 현상들

어린이는 TV를 통하여 많은 것을 배운다. 물론 교육방송을 통하여 학습에 도움이 되는 직접적인 교육을 받지만 일반적인 프로그램을 통하여 가장 현실감있게 배우는 것이 바로 사회화 교육이다. 즉 우리사회에서 살아가는 다양한 사람들의 모습을 보면서 아이들은 저절로 사회에 대한 규범, 질서, 생활양식 등을 배운다.

이를 구체적으로 지적하면 나이에 따라, 성별에 따라, 자신에게 알맞는 행동이나, 언어, 태도 등을 무의식 중에 어린이들에게 인식시킨다는 것이다.

문제는 TV에서는 정확하게 그려지지 못하여 과장되거나 축소되는 등 왜곡되어 보여진다는 점이다. 이러한 현상을 가리켜 방송 전문용어로 스테레오 타입이라고 한다.

특히 아동들은 아직 주체적인 판단 능력이 부족하고, 경험이 부족하기 때문에 일단 TV에서 그려지는 대부분을 그대로 받아들인다.. 만약 TV 외화 중 범인이 흑인이었다면 아이들은 모든 흑인들은 범죄자라고 받아들이고, 그 반대로 「코스비 쇼」를 본 아이들은 미국의 흑인들은 모두 부자이고, 행복하고 여유롭게 살아가는 사람들인줄 안다.

이렇게 한번 형성된 고정관념은 아이들의 사고를 그대로 지배하게 되어 좀처럼 바뀌지 않는 것이 특징이다. 어린이가 자라나서 어른이 되고, 해외에 나가서 미국 흑인들의 실제 생활을 두 눈으로 보지 않고는 그 고정관념은 바뀌지 않는다. 따라서 아래에 열거한 사항들은 특히 부모들이 신경을 써서 자녀들과 대화를 나눌 때 고정관념을 해소시켜야 한다.

사람에 대한 편견

TV는 다음의 세 가지 인물만을 좋아한다. 일반 사람들과 달리 TV라는 작은 화면에 잘 받는 외모를 가지고 있어야 한다.

첫째는 얼굴이 작고 이목구비가 명확한 사람이어야 한다. TV 화면은 영화관처럼 대형 화면이 아닌 작은 화면이다. 웅장한 스케일보다는 사람을 중심으로 한 작은 영상이 기본을 이룬다. 따라서 얼굴이 큰 사람, 이목구비가 명확치 않고 두리뭉실하게 생긴 사람은 화면에 잘 나타나지 않는다.

둘째는 잘 웃는 사람이다. TV 화면은 영화처럼 많은 사람이 한정된 공간에서 시간을 내고 돈을 투자하여 보러오는 특별한 것이 아니다. 그저 일상생활처럼 보는 영상매체이다. 집안 어디서든 편안하게 보는 매체로서 일대일 매체이다. 따라서 시청자들을 위해서는 편안하게 해주어야 하고, 그러기 위해서는 웃음처럼 좋은 화면, 연기는 없기 때문이다. 일단 웃음이 자연스러운 사람은 얼굴이 작지않아도 이목구비가 명확하지 않아도 TV 화면에 충분히 등장할 수 있는 여건을 갖춘 사람이라고 할 수 있다.

셋째는 특히 여자의 경우 젊고 예쁜 사람이다. 모든 드라마의 여자 주인공은 예쁜 사람이다. 물론 극소수의 사람들이 '예쁘기' 보다는 개성이라는 이름으로 등장하지만, 이런 사람들도 어느 정도의 미모는 갖추어져야 한다. TV가 예쁜 여자만을 좋아하는 가장 큰 이유는 바로 시청률 때문이다. 일단 예쁜 여자가 등장해야만 사람들이 호감을 갖고 지속적으로 시청하기 때문이다. 비록 연기가 모자라도, 사생활이 문란해도, 일단 예쁜 여자면 TV는 한번은 호감을 갖는다.

한마디로 TV는 젊고 아름다운 사람만을 좋아한다. 그들에게만 TV에 등장할 수 있도록 허가를 해 준다. 추한 사람, 볼품이 없는 사람, 특히 노인들이 TV에 등장하기를 바란다는 것은 꿈과 같은 일이다.

물론 이 세 가지 조건 외에 실력과 개성이라는 조건이 있지만 같은 조건이면 앞의 세 가지 조건을 갖춘 사람에게 밀리는 것이 우리나라 방송의 맹점이다. 우리나라 전국민 중에 이러한 세 가지 조건을 갖춘 사람은 그렇게 많지 않다. 세 가지 조건은 커녕 한가지만이라도 충족된 사람도 그렇게 흔하지 않다.

하지만 TV는 마치 이 세 가지 조건만을 가지고 있는 사람만이 잘되고, 부자가 되며, 출세를 하며, 우리 사회의 지도층이 되며, 영웅이 된다고 줄기차게 아이들에게 가르친다. 그리고 아이들은 맹목적으로 이들을 우상으로 삼고 초등학교, 중학교, 사춘기를 보낸다.

특히 우리나라 TV에서 사람 차별은 노인에게 집중된다. 이제 텔레비전에서 노인이 등장하는 일은 거의 사라졌다. 오래전에 「장수만세」라는 프로그램이 있어 노인들이 직접 가족과 함께 참여하는 일이 있었지만 그것은 그야말로 옛날의 일이고 지금은 노인들이 주체적으로 참여하는 프로그램은 거의 없다. 그나마 케이블 TV에서나 볼 수 있는 프로그램이 되었다.

하지만 노인들은 TV를 가장 많이 보는 고객중에 하나이다. 우리나라와 같이 노인들이 특별히 할 일이 없고, 그나마 노인들을 위한 실버산업이 발달하지 못한 상황에서 노인들의 유일한 소일거리는 TV 보는 일이 된 지 오래되었다. 이들에게 TV의 문은 열려지지 않는 요술문과도 같은 존재이다.

사람에 대한 편견은 외국사람도 마찬가지이다. 외화 수사물을 보면 어김없이 악한 사람과 선한 사람이 등장하는데 거의 모두가 인종에 따라 결정이 된다. 즉 악한은 흑인이고, 선한 사람은 백인이라는 점이다.

남녀 성에 대한 차별

TV의 왜곡현상 중에서 가장 큰 문제가 바로 남녀의 성에 관한 왜곡이다. 과거 TV에 등장하는 여성은 대부분 수동적이고 자립심이 부족하며 모험심이 부족했다. 이성보다는 감성에 호소하는 나약한 인물로 여성이 묘사되는 반면에, 남성은 능동적이고 모험심이 넘쳐흐르며 논리적이고 합리적인 인물로 묘사되곤 한다.

사회적인 지위를 말하는 직업의 경우도 여성은 가정부, 파출부, 식모, 접대부 등으로 사회 하류계층으로 분류되는 반면, 남성들은 의사, 판·검사, 변호사 등 사회의 상류계층에 속하는 다양한 직업을 가진 사람으로 묘사된다. 결국 대부분의 프로그램에서 문제를 일으키는 사람은 여성이고 문제를 해결하는 사람은 남성으로 등장하는 경우가 많다.

물론 이러한 TV에서의 남녀 성차별은 우리 사회가 그만큼 문제를 가지고 있다는 해석이 된다. 과거 가부장적 전통사회의 유물이라고 할 수 있다. 또한 남녀고용평등법이 제정되었으나 여전히 대기업에서는 여대생의 채용을 꺼리고 있는 실정을 그대로 반영한다.

최근에는 이러한 남녀의 성 역할이 역전되는 현상에 대한 예로써 '간 큰 남자' 시리즈가 유행하고, 이에 편승하여 기존 공중파 방송과 케이블TV에서 여성 지위향상에 대한 소재의 드라마를 방송하고 있다. 마치 유행이라도 타듯 이제는 모든 여성들을 능력있는 캐리어 우먼에다가 미모와 능력을 갖춘 슈퍼우먼으로 묘사하고 있다.

이러한 현상들은 물론 사회적인 시류를 따라 간다고 하지만 대부분이 표피적으로 인물을 설정하고 묘사하며 모든 사람들이 마치 그러한 모습인양 그리고 있어 시청자들에게 잘못된 선입관을 심어주고 있다.

생활양식에 대한 편견

우리나라 사람들이 가장 많이 보는 프로그램은 드라마다. 드라마는 주로 남녀의 애정관계, 가족관계에서 유발되는 많은 문제점들을 소재로 그리는 것이 보통인데 우선 등장하는 가족들이 대부분 상류층의 가정뿐이라는 점이다.

우리나라에서 산동네를 배경으로 한 드라마는 거의 희박하다. 몇 년전까지만 해도 산동네 서민들의 애환을 그린 드라마가 많은 사람들에게 인기를 얻었지만 현재 등장하는 가족들은 모두 넓은 평수의 이층집 단독주택 아니면, 넓은 평수의 아파트를 가지고 있는 것으로 묘사된다. 마치 이들만이 우리의 삶의 모습을 보여주는 것처럼 왜곡되고, 이렇게 살아야만 된다라는 심리적인 압박을 하고 있는 것이다.

뿐만 아니다. 드라마 속에 소품으로 등장하는 각종 가구며, 가전제품들이 국내 대기업의 최고급 제품들을 협찬받아 놓고, 이 정도는 꾸미고 살아야 한다고 끊임없이 강요하고 있는 것이다.

이렇게 사는 것이 현대를 살아가는 사람들의 기본이라고 하고, 그것이 곧 행복이라고 말하는 드라마의 모습에 많은 사람들은 그것이 아니라는 생각을 갖고 있지만 한편으로는 부러워 하는 것이 일반적인 시청자들의 의식이다.

TV 시청지도 요령

첫째, 등장인물 중 누가 부자이고 가난한 사람인지, 누가 힘이 있고 누가 약한 사람인지, 누가 불친절하고 친절한지를 말하고 그들의 성별과 직업은 어떻게 표현됐는지 말하게 한다. 또한 그들의 행동이나 대사속에 어떤 메시지가 제시되어 있는지를 질문한다.

둘째, 초등학생들이 가장 좋아하는 코미디 프로그램에 등장하는 주인공의 성격이 바뀐다면, 혹은 일반적으로 생각되는 남, 여의 이미지가 바뀐다면 등의 질문으로 토론을 유도한다.

셋째, 요즘처럼 핵가족화된 시대에 어린이들은 할아버지 할머니를 잘 모르는 경우도 생긴다. 특히 화면에 노인, 신체 장애자들이 등장하면 어린이들에게 그 모습이 대부분의 노인이나 장애자의 모습이 아니라는 것을 설명해 준다.

넷째, 어린이와 함께 시청하는 프로그램을 선택할 때 부모는 등장인물이 다양한 인물들로 구성되어 있는지를 살펴볼 필요가 있다. 또한 그 인물들이 과장되거나, 왜곡된 모습은 아닌지를 살펴본다.

11. 어린이들에게 부족한 문화 감수성을 채워주는 TV

영국의 열린 학교로 세계적으로 유명한 '섬머힐'을 만든 '닐'의 전서 「머리에서 가슴으로(From head to heart)」라는 저서에 보면 다음과 같은 말이 있다.

"어린이들에게 일생동안 한번도 써 먹을 기회가 없는 2차 방정식을 가르치기보다는 영화보는 방법을 가르치는 것이 훨씬 유익하며, 그 경험은 일생동안 필요한 일이다. 왜냐하면 영화는 가정, 학교, 직장, 극장 어디에서나 접할 수 있기 때문이다."

교육의 본질을 꿰뚫은 유명한 말이지만 우리는 절실하게 이해하고 있는 것 같지는 않다. 아직까지 초등학교 교육은 점수 및 학력 지상주의의 암기위주의 주입식 교육으로 이런 교육적 환경에 문화적 감수성을 키워주는 교육이 있을 리 없다. 이에 대한 반작용으로 많은 학부모들이 경제적인 부담에도 불구하고 체육, 문화예술적 활동이 활발한 사립초등학교에 아이를 입학시키려 하고 있다. 또한 공립학교에 아이를 보내는 학부모들도 학교가 끝나면 학원이다, 과외다, 태권도다 하여 부족한 문화감수성을 채우려고 하지만 여전히 그 효과는 미지수이다.

어린이들에게 부족한 문화 감수성을 채우는 데 TV를 효과적으로 이용하는 것도 하나의 방법이 될 수 있다. 특히 케이블 TV에는 문화예술채널, 어린이 채널이 있고, 교양 다큐멘터리 채널도 있고, 교육채널이 3개나 있기 때문에 기존 공중파 방송과 함께 시간표를 잘 짠다면 어린이들의 문화감수성을 충분히 높여 줄 수 있다.

케이블 TV의 문화예술채널인 'A&C 코오롱', 교양다큐채널인 'Q채널', 어린이 대상의 '어린이TV', 그리고 3개의 교육채널인 '마이TV', '센추리TV', '다솜방송'.

　여기서 중요한 것은 TV에서 방영하는 문화예술 프로그램들을 단지 보는 것 만으로는 그 충분한 효과를 기대할 수 없다는 점이다. 박물관 소개 프로그램이 방영되면 국내 유명 박물관에 직접 아이들을 데려 가서 보여주고, 전통 국악프로그램을 보면 실제 공연무대에 가서 들어보고 그 문화적 향수를 느끼게 해 주어야 한다.

　그리고 거기서 아이들이 어떤 분야에 흥미를 느끼는지 살펴볼 필요가 있다. 그림을 그리는 것을 좋아하는지, 피아노 치는 것을 좋아하는지, 연극에 흥미가 있는지 유심히 살펴 아이들이 과연 그 분야에 흥미를 넘어서 자질이 있는지 살펴볼 필요가 있다.

앞으로 21세기의 인간은 단지 공부만 잘한다고 되는 것은 아니다. 그 때가 되면 단지 학과점수만으로 그 사람을 파악하는 것이 아니라, 정보를 빨리 입수하여 이용하는 정보형 인간, 자기만이 가지고 있는 독특한 개성의 인간, 외국어도 잘 하고, 스포츠와 문화예술에 어느 정도 조예가 있는 폭넓은 교양을 지닌 사람이어야 한다. TV를 통해 현실적인 문화예술 교육을 병행한다면 충분히 부족한 문화 감수성을 키울 수 있을 것이다.

12. 어린이를 위한 프로그램 평가방법 16가지

아이들과 TV를 보거나, 혹은 비디오 대여점에 함께 가서 비디오를 고를 때 고민되는 것이 어떤 프로그램을, 혹은 어떤 비디오를 선택하느냐 이다. 사실 이 문제는 생각하기에 따라서 간단한 것 같지만 매우 어려운 문제이다. 특히 아이들이 성인용 프로그램을 보겠다고 떼를 쓰면 그것처럼 난감한 것은 없다.

이럴 때 특별한 방법은 없다. 부모들이 그 프로그램에 대해서 종합적으로 분석하여 과연 이 프로그램을 아이들에게 보여 주어도 무방한 것인가를 판단해야 한다. 그 판단의 기준 12가지를 소개한다.

첫째, 드라마나 외화의 경우 프로그램 내용에 빠짐없이 등장하는 것이 바로 주인공들의 다양한 갈등 모습이다. 과연 그 갈등의 내용이 내 자녀들이 이해할 수 있는 내용인가 없는 내용인가를 먼저 살펴보고, 다음으로 그 갈등 해결 방법이 부정적인 것보다는 긍정적으로 전개된 프로그램을 선택한다.

둘째, 세계 각국의 다양한 인종에 대해 어린이들에게 잘못된 왜곡을 심어 줄 수 있는지를 살펴본다. 예를들면 외화의 경우 범죄자로 등장하는 사람은 대부분이 흑인으로 설정돼 있어 흑인들은 모두 범죄자라는 인식을 심어 줄 염려가 있는 프로그램은 선정하지 않는다.

셋째, 남녀의 성적 역할이 평등하게 묘사되고 있는지 살펴본다. 남성은 능력있는 사람으로 등장하고 여성은 무능력자로 등장하는지, 문제를 일으키는 사람은 항상 여성이고 이를 해결하는 사람은 남성으로 등장하지 않는지 살펴보아 지나치게 남녀 성별 불평등을 조장하는 프로그램은 선택하지 않는다.

넷째, 특정 시청자 층을 대상으로 한 프로그램인가를 살펴본다. 즉 성인용인지 어린이용인지, 가족용인지를 구분하고 또 다시 어린이 프로그램의 경우 미취학 아동용인지, 취학 아동용인지, 초등학생용인지, 중학생용인지를 구분하여 살펴본다. 같은 유아 프로그램이라도 나이에 따라 인지도가 다르기 때문에 항상 자녀의 인식수준을 부모가 파악하고 있어야 한다.

다섯째, 아이들의 사고 수준에서 전체적인 내용이 과연 이해할 수 있는 수준인지를 살펴보고, 이를 보고 실제적으로 아이들이 행동으로 옮길 수 있을 정도의 사회적인 문제를 다루고 있는지 살펴본다.

여섯째, 프로그램 내용이 아이들에게 믿음과 신념 등을 불어넣어 줄 수 있는 프로그램인지 살펴본다.

일곱째, 어린이의 수준에서 프로그램에 등장하는 내용이 유머스러운가 살펴본다. 어린이들은 어린이 나름대로의 유머가 있다. 어린이 프로그램 중에서 지나치게 성인용을 모방한 유머의 내용은 삼가해야 한다.

여덟째, 프로그램 내용이 학교나, 가정에서 행동으로 직접 옮길 수 있게끔 힘과 용기를 불어 넣어 주는 것인가를 살펴본다.

아홉째, 전체적인 프로그램의 진행이 아이들에게 실제적으로 집중할 수 있을 정도의 속도로 진행되고 있는지를 살펴본다. 진행속도가 너무 빠르면 아이들이 이해하기 힘들기 때문이다.

열번째, 예술적인 면은 얼마나 담고 있는지 살펴본다. 과연

이 프로그램은 우리 아이의 문화적인 감수성을 자극할 수 있는 프로그램인지를 판단한다. 예를들면 영상의 미가 뛰어나든가, 아름다운 음악이 삽입된 곡이라든가, 다큐멘터리 중에서도 음악, 문학, 예술을 대상으로 한 프로그램인지를 판단한다.

열한번째, 프로그램 내용 중 환상과 현실이 분리되어 있는가를 구분한다. 특히 어린이들이 좋아하는 SFX 영화의 경우는 현실과 미래는 물론 과거를 뚜렷한 구분이 없이 자유자재로 넘나들며 이야기가 전개되는데 이를 어린이들이 인식할 만한 정도인지 파악한다.

열두번째, 광고와 프로그램 내용이 아이들에게 확실하게 분리되어 보여 지는지 살펴본다. 미취학 아동의 경우는 아직 광고와 일반 프로그램을 구분하지 못한다. 유아 프로그램용인 경우는 이에 대한 구분이 확실한지를 파악한다.

열세번째, 프로그램 내용이 중산층 이상의 도시지향적인 내용인지를 살펴본다. 특히 젊은이들이 등장하면 어김없이 서울의 압구정동, 대학로, 신촌 등지를 배경으로 제작하는데 서울의 한정된 모습이 지나치게 많이 삽입되지 않았는지 살펴본다.

열네번째, 우리의 전통적인 문화, 관습, 예절 등을 제대로 그리고 있는지를 살펴본다. 학교교육 과목 중에서 우리의 전통문화를 가르치는 과목이 극히 드문 상태에서 비록 간접적이나마 TV에서 우리나라 전통문화를 다룬 프로그램은 일단 추천할만 하다. 다만 그 프로그램의 전체적인 구성이 아이들을 지루하지 않게 만들었는지, 아이들이 신명나게 볼 수 있는 프로그램인지를 확인한다.

열다섯번째, 연령층이 낮은 어린이를 대상으로 방송하는 프로그램일수록 진행자의 언어사용에 대해서 주의 깊게 살펴볼 필요가 있다. 아이들은 사람의 입을 보면서 말을 배우기 때문에 진행자가 정확한 발음을 구사하는지 표준말을 구사하는지를 살펴본다.

열여섯째, 지나친 폭력과 선정적인 프로그램은 피한다. 먼저 전체적인 내용이 폭력이나 성적인 주제를 다룬 영화인지를 살펴보고, 만약 삽입되었으면 필요한 부분인지, 불필요한 장면인가를 살펴본다.

13. 연령별 시청지도

모든 사람들은 똑같은 방법으로 TV 프로그램을 보고 느끼고, 이해한다. 하지만 대부분의 사람들이 자신의 나이, 생활경험, 직업, 자신의 정체성 등에 따라서 TV를 다르게 이해한다.

하지만 어린이들은 다르다. 이 점을 부모들이 중요하게 생각해야 한다. 즉 어린이들은 연령에 따라 TV 프로그램에 대한 이해도와 해석에 차이점이 있다는 것이다. 미취학 아동들과, 초등학교 저학년과 고학년의 TV에 대한 이해도가 다른 것을 알 수 있다.

프랑스 같은 나라에서는 연령별로는 6세 미만의 유아대상 프로그램의 경우 디즈니류의 서정적인 만화영화, 인형극, 애니메이션을 이용한 여러 가지 안전교육이 주류를 이루고 있다. 6세에서 11세까지는 공상과학 만화영화, 언어교육, 책 읽기, 어린이용 사회, 문화, 예술, 스포츠 활동에 대한 정보 제공 프로그램 등이 두드러진다. 12세에서 16세까지 사이의 연령층을 위해서는 시사뉴스, 공상과학 드라마, 모험탐험 프로그램을 주로 방송하고 있고, 16세 이상의 청소년들에게는 뮤직비디오, 록큰롤 음악 프로그램, 공상과학 프로그램, 공상과학매거진, 취미생활 등의 실생활에 필요한 상식, 직업, 안내 등 사회생활에의 진입을 위한 준비 단계에서 필요한 지식 제공 프로그램들이 주로 편성된다.

아직 학교에 다니지 않는 유아들

미국의 경우 아이들이 학교에 들어갈 때까지 연평균 텔레비전 시청 시간은 5천시간이라고 한다. 이런 경우를 두고 어떤 유모보다도 훌륭한 역할을 하는 것이 텔레비전이라고 할 수 있겠다. 이렇게 어린 시기에 많은 시간 동안 TV를 시청하게 되는데 좋은 TV 시청 습관을 갖게 되면 오히려 나쁜 보모들보다 더 훌륭한 역할을 해낸다고 생각할 수도 있겠다.

행동지침

첫째, 먼저 그림책, 퍼즐, 스티커 붙이기 등 어린이들의 홍미를 끌 수 있는 놀이들을 모아둔다. 이러한 장난감은 TV를 끈 후 어린이들이 일으킬 수 있는 소란을 잠재울 수 있고, 유모에게 잠시나마 필요한 시간을 제공해 준다.

둘째, 아이들에게 TV에서 방송되는 것은 꾸민 것으로 이미 만들어진 이야기라는 것을 말해 주고 직접 아이들에게 TV 내용을 꾸며보게 한다.

셋째, 아이들이 만화를 볼 경우 조심스럽게 만화의 내용과 실재의 세계가 같지 않다는 것을 말해 준다.

넷째, 쇼를 보고 난 후 아이들에게 전체적인 분위기뿐만이 아니라 자세한 부분까지 생각하게 한다. 이것은 아이들의 기억력 향상에 많은 도움이 된다.

다섯째, TV의 줄거리를 이야기하고 어린이들 스스로 생각하는 결말에 대해 이야기시켜 봄으로써 아이들의 상상력을 향상시킬 수 있다. 이때 부모들이 명심할 점은 아이들에게 폭력없이 문제를 해결할 수 있는 방안에는 무엇이 있는가를 생각하게 하는 것이다.

여섯째, 특히 미취학 아이들에게 중요한 것은 유모 및 부모들이 주로 시청하는 TV 프로그램이다. 어른들의 부주의가 성인용, 혹은 폭력이 가미된 프로그램에 어린이들을 노출시킬 수 있기 때문이다.

일곱째, 영화와 TV 쇼, 만화도 마찬가지로 부모들이 먼저 보고 아이에게 적당한지 부적당한지를 평가한다.

초등학교 어린이들일 경우

초등학교에 다니는 아이들은 보통 세상에 대한 호기심으로 가득 차 있다. 학교에 갈 때도 길거리에 있는 모든 것을 구경하고 다니면서 이것 저것 보며, 신기한 곳이 있으면 머물러 보기도 한다.

이러한 어린이들은 프로그램과 광고를 통해서 세상의 신기한 것들에 대한 많은 것을 배운다. 그들에게 TV가 무차별적으로 제공하는 메시지를 1차적으로 거르는 필터 역할을 할 수 있게 도와주어야 한다.

행동지침

첫째, 우선 아이들이 TV에서 나오는 이야기와 배경, 등장인물의 성격, 사건 등이 현실의 세계와 비교하여 같은지 틀린지를 질문한다. 또한 같은 또래를 통해서 들었던 내용과도 비교하게 한다. 만약 그들이 실제적인 일과 비슷하게 생각하고, 실제로 일어났다고 생각하면 그 점을 지적하여 그 사실성에 대한 믿음의 확신을 심어 준다.

둘째, TV 주인공의 인물, 성격, 가치들이 아이들이 생각하는 것과 일치하는지 지적하고, 그 횟수를 세어 보게 한다. 그리고 일치하지 않으면 어떤 행동을 했어야 하는지를 말해 보게 한다.

셋째, 만약 프로그램 등장 배경이 외국이라면 어린이들에게 도서관에서 그 나라에 관해 자세하게 알아보게 한다.

넷째, 감각적인 주제가 방송될 경우 그것을 표본으로 아이들과 토론의 장을 만드는 것이 좋다.

다섯째, 만약 프로그램 중간에 폭력이 나오면, 그 폭력없이 어떻게 문제를 해결할 수 있을까를 생각해 보게 한다.

청소년 시기

중학생이라는 시기는 서서히 사춘기가 시작되는 이유없는 반항의 시기라고 할 수 있다. 이 시기에 TV는 자녀와 대화가 잘 안되는 어려운 때에 함께 시청하고 토론함으로써 해결의 동기를 제공한다.

행동지침

첫째, 아이들이 TV에서 느낀 것에 대해서 질문을 함과 동시에 만약 아이들이 직접 그 상황에 부닥쳤을 때 어떻게 할 것인지를 말하게 한다.

둘째, 중학생들에게 여성은 감성적이고 남성은 강하고, 또는 할머니는 연약하거나 무기력하게 표현했는지를 보게 하고 느낀 점을 말하게 한다.

셋째, 어린이들이 좋아하는 잡지에서 중학생들이 흥미로워 하는 뉴스꺼리가 발견되면 그것이 TV에서는 어떻게 나타나는지를 말하게 한다.

넷째, 광고주들이 무엇을 원하는지를 말해 보게 한다. 그들에게 쇼프로그램에 왜 그 광고가 나왔는지, 광고가 어떤 시청자를 대상으로 하는 것인지 그 목적에 대하여 토론해 본다.

다섯째, 폭력적인 프로그램을 보고 난 후 그 폭력의 결과에 대해 얘기한다. 또한 실제 생활에서 똑같은 일이 발생했다면 희생자와 그의 가족은 어떻게 됐을까 라고 질문하고 토론한다.

제4장

비디오와 케이블 TV 바로보기

1. 포르노로부터 시작된 비디오 문화

회사원 정경식씨(37세)는 올 봄, 첫 아이가 초등학교에 입학을 해서 근 20여년만에 처음으로 초등학교에 가 보았다. 자신은 워낙 시골에서 학교를 다니기도 했지만 달라진 학교 시설에 눈이 휘둥그레질 수 밖에 없었다. 사립학교 아닌 집 옆의 공립학교 였는데도 모든 화장실은 깨끗한 수세식 시설을 갖추고 있었을 뿐 아니라 교실마다 대형 에어컨이 한 대씩 서 있었다. 겨울에는 아주 따뜻하게 스팀이 들어오도록 라디에이터 시설이 되어 있는 것도 그를 놀라게 했다.

특히 그의 눈길을 잡아 끈 것은 교실 한 쪽에 설치된 대형 텔레비전 수상기와 비디오였다. 물론 요즘엔 컴퓨터 교육까지 기본적으로 시킨다고 하니 자신이 살았던 시대를 생각해 보면 격세지감을 느끼지 않을 수 없었던 것이다.

"제가 비디오를 보고 놀랍게 생각되었던 것은 아마도 제 의식 속에 남아있는 비디오에 대한 부정적인 생각 때문이 아니었나 싶어요."

그가 비디오를 처음 접한 건 군 복무 중 휴가를 나왔을 때라고 한다. 80년대 초반에 보급되기 시작한 비디오는 당시만 해도 그리 대중화가 되지 않아서 주로 영업다방이나 여관 등에서 손님을 끌기 위한 도구로 설치되었다. 군대에 있으니 휴가를 다녀온 사람들마다 비디오를 본 것이 큰 자랑거리였고, 자신도 꼭 한 번 비디오라는 것을 봐야겠다고 마음먹었다는 것이다. 결국 비싼 여관방에서 제일 처음 그가 볼 수 있었던 것은 남녀가 뒤엉켜 나오는 외국산 포르노 비디오였다. 비디오라는 것이 포르노라는 말과 동일하게 여겨졌던 것은 당연한 일이다.

이렇게 우리나라에 비디오는 포르노와 함께 시작이 되었다. 1980년 초, 당시 정치적으로나 사회적으로 어수선한 혼란기 속에서 비디오가 국내에 들어왔다. 누가 먼저 시작했는지 정확히 알 수는 없지만 비디오를 보았다는 사람들이 차츰 늘어갔다. 그리고 비디오를 본 사람들은 한결같이 똑같은 말을 했다.

"비디오 화면 정말 죽이더라"

이 말을 들은 많은 사람들이 비디오를 보고 싶어했고, 실제로 동네 구석진 다방으로, 만화가게로, 여관으로 심지어는 불법 영업장으로 몰려들었다. 약삭빠른 유흥업소 주인들은 자신의 매장에 비디오를 설치하고 가게문에 '본 업소 비디오 설치'라는 광고를 붙여 손님을 끌어모았다.

많은 사람들이 1천5백원을 내고 세운상가 뒷골목 골방에서 수십명과 함께 포르노 비디오를 보았고, 다방에서 커피 한

잔을 시켜놓고 포르노 채널에서나 볼 수 있는 야한 비디오를 보았다. 잠자리가 없는 뜨내기들은 1천원을 내고 동네 만화 가게에서 포르노 테이프를 보면서 새우잠을 잤다.

지금도 그렇지만 당시 세운상가를 중심으로 한 주변 지역은 불법 포르노 비디오의 온상이었다. 그곳은 포르노 비디오에 대한 모든 것이 생산과 거래, 그리고 상영되는 온상지였다. 당시 그곳에서 포르노 비디오를 구입하거나, 한번 보려면 마치 첩보영화를 방불케 하는 과정을 거쳐야 했다.

그렇게 시작한 국내의 비디오 문화가 올바로 성장할 리가 없었다. 당시 성인들은 국내의 비디오 문화를 잘못 만들어놓고 이를 그대로 우리 자녀들에게 전해 주었다. 그래서 낮에 집을 비워야 하는 부모들의 최대 고민이 어린이들끼리 비디오 테이프를 빌려다 보는 일이었다.

요즘에는 비디오 테이프의 종류도 다양해지고 기능도 좋아져서 시중에 어린이들을 위한 교육용 비디오들이 많이 나와 있다. 전집을 들여놓고 어린이들에게 보게 하는 집들도 많아졌다. 그런데도 어린이들끼리만 비디오를 본다고 하면 왠지 안심되지 않는 것이 우리의 현실이다.

그렇다고 우리 사회에서 비디오를 없앨 수는 없다. 각 가정에서 아이들 교육에 안 좋다고 하여 내다 버릴 수도 없는 노릇이다. 설사 버렸다고 해서 자녀들이 못 보는 것이 아니기 때문이다. 친구 집 등을 이용해서 마음만 먹으면 얼마든지 볼 수 있을 것이다. 이미 국내의 VCR 보급율은 80%에 육박하고 있다. 각 가정의 생활 필수품으로 자리잡고 있는 것이다.

그렇다면 이런 상황에서 지금처럼 천대받는 비디오가 아니라 환영받는 비디오 문화를 새롭게 만들어야 할 필요가 제기된다. 그것을 위해서 우선적으로 해야 할 일은 초기에 잘못 인식되어 전해졌던 비디오에 대한 고정관념을 고치는 일부터 시작해야 할 것이다. 비디오는 선정적인 프로그램만을 감상하는 매체가 아닌 또 하나의 바람직한 가족 영상 매체가 될 수 있다는 점을 알아야 할 것이다.

2. '사탄의 인형'을 보고 유아를 살해한 열한살짜리 소년

1992년 영국에서 일어난 일이다. 열한살짜리 두 소년이 유아를 살해해서 내다 버렸다. 더욱 충격적인 것은 바로 그 살인이 국내에서도 비디오로 출시된 「사탄의 인형(Chilld's Play)」을 보고 그대로 따라 했다는 데에 있었다. 살인범인 두 소년은 비디오에 나와있는 것처럼 아기의 머리를 부수다시피 하고 다리를 잘라 리버풀 교외의 철도에 버린 것이다.

영국 경찰은 92년 11월 26일 면밀히 조사한 끝에 소년들이 비디오를 빌려다 보고 모방범행을 했다고 발표했다. 두 소년에게는 무기징역이 선고되었지만 이 사건으로 인해 영국 사회가 발칵 뒤집어진 것은 물론이다.

이러한 폐해는 비단 외국의 사례만은 아니다. 국내에서도 자신의 아버지를 살해한 유학생 박한상군 살인사건과, 연쇄 살인행각을 벌인 지존파 사건 등이 모두 폭력적인 살인비디오를 보고 범행을 계획하고 그 수법을 모방했다는 점에서 아연실색 하지 않을 수 없다.

물론 영국의 소년 살인범과 국내의 박한상군, 지존파의 범행 동기가 전적으로 비디오에 있는 것은 아니다. 가정형편, 교육의 상태 등 사회적인 문제가 근본적인 범행 요인으로 등장하고 있지만 그 과정에서 구체적인 수법을 폭력 비디오에서 배웠다는 점은 생각해 볼 문제이다.

성인들도 마찬가지지만 폭력 비디오를 보고나면 일시적으로 후련함을 느낀다. 따라서 대부분의 성인 남자들은 스트레스 해소용으로 폭력 비디오를 자주본다. 하지만 폭력적인 비디오를 자주 본 사람들은 폭력장면을 본 만큼 비례하여 일상생활에서 공격적이고, 장기적으로 폭력적인 성향의 인물이 된다는 보고는 이미 정설이 되었다. 그리고 더 큰 문제는 이러한 현상은 자신도 모르게 진행된다는 점이다.

최근 몇 년 동안 아이들에게 가장 인기있는 비디오를 살펴보면 「강시」시리즈를 중심으로 주윤발, 장국영 등이 주연하는 「영웅본색」, 「첩혈쌍웅」, 「예스마담」 등인 것으로 나타났다. 또한 같은 시기에 미국의 할리우드 영화인 「람보」 1, 2, 3,과 「로보캅」 1, 2가 수입되어 아이들에게 폭발적인 인기를 누렸다. 미국의 AFKN에서 방영되었던 프로 레슬링이 초등학교 학생들에게 인기를 얻자 비디오로 만들어 출시하기 시작하여 인기를 얻기도 했다. 이런 폭력 비디오를 보고 자란 어린이들이 바로 현재 가장 사회문제시 되고 있는 학교폭력의 주범은 아닐까 라는 생각이 든다.

폭력물의 뒤를 이어 자연스럽게 떠오르는 것이 바로 성인용 비디오, 소위 에로 비디오이다. 저질 비디오라는 낙인이 찍힌 에로 비디오는 비록 사회적인 지탄을 받고 있지만 국내

비디오 업계에서 차지하는 비중이 만만치 않다.

우선 국내에서 비디오용으로 제작된 거의 모든 영화가 에로물이라는 점과 그 제작 편 수가 점차 증가하고 있다는 점이 지적된다. 88년 「산머루」라는 이름의 에로 비디오가 출시된 이후 89년에 26편, 90년에 69편, 91년에 27편, 92년에 46편, 93년에는 87편으로 성장했고 94년에는 드디어 1백편을 넘었다. 이 숫자는 국내 개봉관용 영화가 1년이면 약 60여편 제작될 뿐이라는 점을 생각해 볼 때 양적으로는 엄청난 것이 아닐 수 없다. 따라서 비디오 대여점의 한 쪽 코너에 마련되어 있는 '에로 비디오' 코너에 꽂혀있는 수 많은 한국 영화들의 제목이 대부분 생소한 이유를 알 수 있다.

그런데 문제는 바로 이러한 에로 비디오 중 몇몇 비디오가 높은 대여율을 기록하고 있다는 점이다. 최근에 출시된 「젖소부인 바람났네」의 경우는 대여하려면 며칠씩 예약해 놓고 기다려야 할 정도로 한때 인기가 높았던 에로 비디오이다. 과거에는 「금지된 정사」와 「정사수표」 시리즈, 「성애의 여행」, 「야색녀」, 「욕탕속의 여자들」 등이 높은 인기를 얻었던 에로 비디오물이다.

이런 에로 비디오의 최대 고객으로 비디오 대여점들은 주부 및 젊은 남자들을 꼽고 있다. 그런데 여기서 문제는 주부들이 보기 위해서 빌려다 놓은 테이프를 자칫 허술하게 보관할 경우 자녀들이 그대로 함께 보는 결과를 갖게 된다는 점이다. 바로 이런 점 때문에 집에 어린 자녀들이 있는 집에서는 에로 비디오를 빌려다 본 후 그 처치에 많은 어려움이 있다고 하소연을 하기도 한다.

이들 에로 비디오의 특징은 한마디로 처음부터 끝까지 특별한 줄거리는 없고, 여자배우의 벗은 몸과 남녀간의 섹스를 보여줄 뿐이다. 보통 한편의 영화에 섹스 장면이 10여회 등장하고, 여배우의 가슴은 거의 처음부터 끝까지 노출되어 있는 것이 다반사이다. 섹스 장면도 비슷비슷한 장면들이 계속 이어지면서 저급한 성적 호기심만을 노리고 이야기는 섹스를

에로 비디오 「젖소부인 바람났네」가 히트한 이후 성인들의 에로 비디오 대여 횟수가 늘고 있어 시청과 보관에 특히 주의해야 한다.

보여주기 위한 구성으로만 전개된다.

따라서 이들 에로 비디오의 줄거리는 성불능자인 남편에 불만을 느끼는 부인이 공허감을 이기지 못해 불륜관계를 맺거나, 여자의 유혹에 남자가 패가망신하는 내용 아니면 젊은 여성이 인신매매단에 납치되어 사창가로 팔려가는 등 강간, 매춘, 윤간, 간통을 주요 내용으로 하고 있다.

제목만을 보아도 이런 비디오의 내용들을 쉽게 알아볼 수 있다. 주요 에로 비디오 제목을 보면 「매춘25」, 「금지된 정사」, 「정사특급」, 「육체의 향연」, 「목마부인」, 「홧김에」, 「내 친김에」, 「이왕 한 김에」, 「탄드라 부인」, 「물소부인 바람났네」, 「야시장」 「본능적 정사」 등 극히 선정적이고 자극적이다.

이런 비디오를 아이들이 보았을 때의 충격은 상상을 초월하는 것이다. 성에 대해 이제 갓 눈을 뜨는 아이들에게 성에 대한 나쁜 것만을 주입시켜 자칫 그릇된 인식을 심어 줄 수도 있다. 특히 우리의 경우는 특별한 성교육 프로그램이 없는 상태이므로 더욱 조심할 필요가 있다.

3. 어린이 대여 인기 순위 상위는
모두 성인용 비디오

몇 년 전에 한 사회단체가 여름방학이 끝난 다음 초등학생을 대상으로 방학중 비디오 시청 형태를 조사한 적이 있었다. 학기 중에는 과외다 학원이다 해서 아이들이 제대로 비디오를 볼 시간이 없다는 점을 감안하여 비교적 아이들이 자유롭게 많은 비디오를 볼 수 있는 시기인 방학기간을 이용해서 비디오 시청조사를 했다. 그런데 조사결과는 충격적이었다.

우선 전체 조사에 응답한 어린이 중 42% 정도가 성인용 비디오를 한번 이상 보았다고 응답을 했고, 아이들이 많이 본 비디오 중 「지존무상」, 「영웅본색」, 「터미네이터」, 「폴리스 아카데미」, 「귀여운 여인」 등이 상위를 차지했다는 점이었다. 이러한 영화 목록은 당시 성인들의 인기대여 순위와 매우 비슷한 양상을 보이고 있었다.

비록 몇 년전의 조사이지만 그 결과는 현재도 마찬가지일 것이다. 오히려 그 수치는 더 올라갔으면 올라갔지 내려가지는 않았을 것이다. 과연 「지존무상」을 본 어린이들은 어떤 생각을 했을지, 「터미네이터」를 본 아이들은 어떤 생각을 했을지 상상만 해도 아찔하다. 아마도 주인공인 주윤발의 총 쏘는 장면에 현혹되어 부모님께 권총을 사 달라고 졸랐을 것이다. 당시 초등학교 아이들에게 권총과 그 총알인 BB탄의 판매가 급격히 증가했다는 사실은 이를 증명하고 있다.

그 조사 결과를 한 마디로 말하면 대부분의 가정에서 부모들은 아이들의 비디오 시청에 대해서 관심이 없는 것으로 풀이할 수 있다. 다음의 사항 중 한가지라도 해당이 된다면 일단 자녀들에게 비디오 시청교육을 시킬 수 있는 자격이 없는 사람이다.

첫째, 아이들이 어떤 비디오를 보고 싶어하는지 모르는 부모. 자신의 자녀에게 한 번쯤 가장 보고 싶은 프로그램이 무엇인지 물어본다. 그 중에 자신이 알고 있는 프로그램이 하나

아이 혼자 돈을 주어 비디오가게에 보내면 십중팔구 자기보다 등급이 높은 성인용 비디오를 빌려온다.

라도 있는지 확인해 본다. 대부분 어린이들은 또래 집단에서 정보를 나누기 때문에 비디오에 대한 정보가 확실하고 그 양 또한 엄청나다. 어린이들이 만화영화나 코미디물만을 좋아한 다고 생각하면 안된다. 특히 초등학교 고학년이 되거나 사춘 기가 되면 아동물보다는 성인용 비디오에 더욱 관심을 갖고, 대여점에서 나오는 비디오 정보지를 유심히 살펴본다. 그 중 에서 보고 싶은 프로그램을 선택하게 된다는 점을 잊지 말아 야 한다.

둘째, 외출시 성인용 비디오를 아무 곳에다 두는 부모. 이 문제는 각 가정에서 특히 주의할 점이다. 어린이들은 부모님 이 안 계신 동안에 부모들이 소장하거나 빌려 온 비디오를 많 이 본다. 재미있어서라기 보다는 어른들이 보는 것이라는 점 때문에 일단 호기심을 불러일으키기 때문이다. 성인을 대상 으로 하는 세미 포르노급의 비디오물인 경우는 특히 주의해 야 한다.

셋째, 비디오 대여점에 아이들 혼자 돈을 주어서 무조건 빌 려오게 하는 부모. 아이들은 혼자, 혹은 친구와 함께 비디오 대여점에 가서 비디오를 고르거나 빌려오기를 좋아한다. 물 론 아이들을 혼자 보내는 부모의 경우는 꼭 어린이용이라든 가, 청소년용 비디오를 골라오게 당부를 하지만 실제로 비디 오 대여점에 가면 어린이, 청소년용 비디오는 많지 않은 것을 알 수 있다. 따라서 많은 초등학생과 중학생은 자신의 수준보다 한 단계 높은 「고등학생 이상 관람가」 영화를 빌려 오는 경우가 많다. 단지 한 등급 차이라고 하지만 그 속에 담겨있는 내용에는 많은 차이가 난다.

넷째, 비디오 등급 표지를 모르는 부모. 「연소자 이상 관람가」는 초록색, 「중학생 이상 관람가」는 파란색, 「고등학생 이상 관람가」는 노란색, 「연소자 불가」는 빨간색으로 표시되어 있는데 자녀 교육에 신경을 쓰는 부모라면 이 정도는 알아야 할 것이다.

다섯째, 아이들과 함께 성인용 비디오를 보는 부모. 직장인인 아버지의 비디오 시청시간을 살펴보면 주말인 경우가 가장 많다. 물론 아이들이 모두 잠든 시간인 심야 시간대에도 비디오를 보지만 대부분 일요일 늦잠을 자고 오후에 비디오를 보는데 이때 무심코 한 방에 있는 아이들과 함께 보는 이들이 많다.

위에 열거된 형태의 비디오 시청습관에 자신이 포함되어 있다면 일단 하루빨리 습관을 고쳐야 한다. 어린이들의 비디오 시청습관은 부모를 따라간다. 부모의 잘못된 비디오 시청습관이 그대로 아이들에게 전해진다는 점에서 하루속히 고쳐야 한다.

4. 우리 가족의 비디오 시청 습관을 관찰한다

잘못된 비디오 시청 습관을 교정하기 위해서 우선적으로 해야 할 일은 우리 가족의 비디오 시청습관을 관찰하는 일이다. 이때 자녀들의 시청습관 뿐만이 아니라 성인 및 부모들의 시청습관도 관찰해야 한다. 두 가지 결과를 갖고 함께 비교하여 교정하는 것이 바람직하고, 그래야만이 제대로 된 치료를 할 수 있다.

기간은 약 한 달 정도가 적당하다. 관찰 기간 동안에는 평소와 다름없이 행동하는 것이 좋다. 우선 무슨 요일에 비디오를 많이 보는가. 주로 어떤 종류의 비디오 테이프를 많이 보는가. 비디오를 볼 때는 누구와 함께 보는가 등 기초적인 사항에서부터 어떤 정보에 의해서 비디오를 선택하는지, 어떤 비디오를 보고 싶어 하는지, 성인용 비디오를 함께 볼때 자녀가 어떤 표정을 짓는지 등을 관찰하고 메모를 해 둘 필요가 있다.

성인용 비디오는 성인들만 보자

잘못된 시청형태 중 대표적인 것이 바로 성인용 비디오를 자녀들과 함께 보는 것이다. 성인들의 경우 가장 비디오를 많이 보는 시간대는 주말이다. 이때 성인들은 성인용 비디오를 켜 놓고 자연스럽게 아이들과 함께 시청하게 된다. 우리나라 대부분의 가정에서 텔레비전은 거실에 놓고 온 가족이 함께 시청하는 것으로 되어있기 때문이다. 안방에 TV를 놓는다 하더라도 자녀들이 아직 어릴 때는 자연스럽게 한 방에서 생활하며 함께 본다. 따라서 아이들과 함께 있는 시간에 그들을 따로 떼어놓고 부모끼리만 비디오를 시청한다는 것은 불가능하다. 그러므로 온 가족이 함께 있는 주말의 낮시간대는 가급적 성인용 비디오 시청을 자제하는 것이 가장 바람직하다. 성인용 비디오는 아이들이 없거나 자는 등 볼 수 없는 시간대를 정하여 시청해야 한다.

또 한가지 주의할 점은 성인용 비디오를 보고 난 다음의 처리이다. 보고 난 후에 곧바로 반납을 하지 않는 경우가 대부분인데 보고나서 아무데나 비디오를 놓는 것은 바람직하지 않다. 부모가 집을 비운 사이에 자녀들이 꺼내 볼 수 있기 때문이다. 다 본 비디오는 꼭 아이들 손이 닿지 않는 곳에 보관해야 한다.

대여점에서 자녀에게 지면 안된다

부모들은 대부분 아이들에게 약하다. 아이들이 자신이 가지고 싶어하는 물건이 있어서 조르면 대부분의 부모들이 처음에는 안된다고 했다가 앙탈을 부리거나 급기야 울기라도 하면 사주기 마련이다. 비디오도 마찬가지다. 아이들은 비디오 대여점에 가면 나름대로 얻은 정보에 의해 어떤 비디오를 보여 달라고 조른다. 아이들이 보고 싶은 비디오는 대부분 고등학생 이상 관람가인 성인용 비디오인데 여기서 부모들은 아이들에게 지게 된다. 특히 할리우드의 코미디 영화라든가, 극장 개봉관에서 보지 못했던 영화들은 부모들도 보고 싶거니와 어린이들이 봐도 큰 지장이 없을 것이라는 막연한 판단 때문에 빌리는 것을 허락해준다.

이런 부모의 태도는 결코 바람직하지 않다. 아이들이 조를 때는 잘 타이르고, 타일러도 말을 안들을 때에는 사실상 대책은 없다. 이를 사전에 방지하기 위해 비디오 대여점에 가기 전에 이번에는 어떤 비디오를 볼 것인가를 결정하고 가는 것이 좋다.

좋은 프로그램 목록을 만들자

대부분의 사람들은 비디오 대여점에 가는데 아무런 준비없이 간다. 그저 막연히 비디오 대여점에 가면 볼만한 영화가 있겠지 라고 생각하고 무심코 비디오 대여점에 가는데 이는 바람직하지 않다. 사전에 어떤 비디오를 빌려 볼 것인가를 결정하여 가고, 이를 위해서 보고 싶은 비디오 목록을 작성하는 것이 좋다. 비디오 목록을 만들려면 사전에 비디오에 대한 정보가 있어야 한다.

비디오에 관한 정보는 각 비디오 대여점에 가면 책자로 나와 있는 것이 있고, 서점에 가면 각종 서적이 출간되어 있어 이를 참고로 하면 좋다. 특히 아이들이 볼 수 있는 비디오 목록이 필요한데 이는 각종 자료와 서울YMCA 건비연(건전비디오를 연구하는 시민의 모임)에서 선정된 좋은 비디오 목록과 〔영상모임 아이들〕에서 그 동안 선정한 1천4백여편의 좋은 비디오를 참고로 하면 된다. 또한 CD-ROM 제작업체인 〔건잠머리 컴퓨터〕에서 만든 어린이들이 보기에 좋은 비디오도 참고 할만 하다. 이 CD-ROM에는 동물의 생태계와 문명의 기원을 다룬 다큐멘터리와 만화영화, 공부하고 놀기에 좋은 비디오 3백여편에 대한 포스터와 줄거리가 담겨있다.

자녀가 혼자 비디오 보는 것을 피한다

자녀가 혼자 비디오를 보는 것은 바람직하지 않다. 비록 어린이용 비디오라고 해도 비디오는 꼭 성인들이 함께 시청해야 한다. 물론 같이 시청하는 것으로 끝나서는 안된다. 비디오에 나오는 장면을 가지고 함께 이야기 하면서 시청해야 한다.

성인들에게는 아무렇지도 않은 장면이지만 아이들에게 있어서 폭력, 선정적인 장면은 물론이고 자극적인 장면은 오랫동안 기억에 남는다. 우리가 나쁜 음식을 먹으면 소화가 안되고 배가 아픈 것 처럼 나쁜 장면을 보았을 때 아이들의 머리 속에는 나쁜 기억들이 남아 있다. 배가 아플 때는 약을 먹으면 되지만 나쁜 장면을 보았을 때의 해독제는 함께 이야기를 나누는 것이다. 꼭 부모가 함께 보면서 아름다운 장면이라든가, 감동적인 장면, 자극적인 장면에 대해서 얘기를 나누어 아이들의 문화 감수성을 키워주는 것이 바람직하다.

비디오 선택 방법을 가르쳐 준다

먼저 우리나라 심의에는 4가지 등급 표시가 있다. 성인용 프로그램인 「연소자관람불가」에서부터, 「고등학생 이상 관람가」, 「중학생 이상 관람가」, 「연소가 관람가」 등이다.

몇 년 전까지만 해도 비디오에는 등급 표시가 작은 글씨로 새겨져있어 찾아보기 힘들었다. 이에 사회단체들이 문제점을 지적하여 처음에는 청소년용은 파랑색으로, 성인용을 빨간색으로 비디오 자켓 하단에 표시를 했다. 하지만 여기에도 문제가 있었다. 청소년용 중에서도 고등학생이상 관람가와 중학생 이상관람가, 연소자 관람가 영화가 구별되지 못한 것이다. 이에 사회단체들이 다시 문제를 제기하여 지금은 4가지 색으로 나누어 지고 있다.

먼저 연소자 관람가 영화는 초록색, 중학생 이상 관람가는 파란색, 고등학생 이상 관람가는 노란색, 연소자 관람불가는 빨간색으로 표시하고 있다. 이 표시는 비디오 자켓 하단에 표시되어 있거나 비디오 테이프에도 표시되어 있다. 따라서 이 표시를 아이들에게 꼭 인지시켜 연령에 맞게 비디오를 빌리게 한다.

많은 부모들이 이러한 표시가 있는 것도 모르는 경우가 많고, 이를 제대로 지키는 청소년들도 많지 않다. 반드시 확인이 필요하다.

어린이 혼자 비디오 대여점에 가게하지 말자

아이들이 조른다고 비디오 대여점에 돈을 줘서 보내는 것은 부모로서 일단은 문제가 있다. 대부분의 아이들은 친구나 같은 또래에게서 어떤 비디오가 재미있다라는 정보를 듣고 그 비디오를 빌려오기 일쑤이다. 또한 대부분 자신의 연령에 맞게 심의가 된 비디오를 빌려오는 것이 아니라 성인용 비디오를 빌려온다. 특히 비디오 대여점에서는 비록 아이들이 자신의 연령보다 높은 중학생이상 관람가라든가, 고등학생 이상 관람가 등을 빌리려 해도 주저하지 않고 빌려주고 있기 때문에 사실상 제어장치가 없는 셈이다.

성인용 비디오를 빌려왔더라도 크게 꾸중을 하지 않는 것이 우리나라 부모들의 대부분의 모습이다. 이럴때는 따끔하

게 야단을 치고, 다시 가서 어린이용으로 빌려오게 해야 한
다. 물론 야단을 칠 때에는 그 이유를 충분히 말해주어야 하
는 것을 잊어서는 안된다.

이럴때를 대비해서라도 먼저 우리집 아이들이 볼 수 있는
비디오 목록을 만들고 그 목록을 들고 부모와 함께 비디오 대
여점에 가는 것이 바람직하고, 부득이 혼자 보낼때는 목록을
들려보내 그 속에 있는 비디오 가운데 하나를 빌려보게 하는
것이 현명한 부모의 모습이다.

자녀가 좋았다고 하는 비디오는 여러번 함께 본다

대부분의 사람들이 영화나 비디오는 한번 보고 마는 것으
로 생각하는데 이것은 결코 바람직하지 않다. 물론 영화나 비
디오는 특별한 목적을 가지고 보는 것이 아니라 재미로 보는
것이기 때문에 한번 보고 두번째 보면 재미가 반감되는 것은
사실이다. 하지만 성인이나 아이들이 보고 감동을 받은 비디
오는 일정 시간이 지나서 다시 보여주는 것이 좋다. 물론 두
번째 볼 때에도 부모는 옆에서 같이 보아 화면이나 줄거리에
대해서 혹은 등장인물의 성격이나 모습에 대해 말을 하면서
보아야 하는 것은 물론이다. 이렇게 하면 아이들은 두번째 볼
때에는 첫번째 볼 때 보지 못했던, 혹은 느끼지 못했던 장면
들을 찾아내게 되고, 새로운 느낌을 받게 된다.

비디오 일지를 쓴다

흔히들 일지를 쓴다는 것은 크게 어려운 일인 것으로 생각하는데 그것은 모두 자신이 게으른 탓이라고 할 수 있다. 비디오 일지를 쓰는데 특별한 양식을 갖출 필요는 없다. 언제, 어디서, 누구와, 어떤 비디오를 보았는지 정도만 기록해도 좋다. 일단 비디오 일지는 쓰는게 중요하기 때문이다.

비디오 일지를 쓰는 것은 부모나 아이들 모두 해야 한다. 온가족용으로 만들어도 좋다. 하지만 아이들이 본 비디오는 아이들 스스로 쓰게 만드는 것이 좋다. 그리고 쓰면서 간단하게 느낀 점을 적어도 좋다. 대부분의 아이들이 느낀점을 적으라고 하면 좋았다, 혹은 나빴다 두 가지 표현밖에 할줄 모른다. 따라서 특별히 생각해서 쓰게 하는 것 보다는 보면서 부모님과 이야기를 나누었던 것을 적는 것도 좋다. 그러면 아이들의 상상력을 크게 향상시킬 수 있다.

5. 청소년 탈선의 장으로 자리잡은 비디오방

최근 몇 년 동안 국내에 우후죽순처럼 생겨난 것이 바로 비디오 방이다. 현재 전국에 개설된 비디오방은 약 2천2백여

개, 이중 9백여개가 서울에 몰려있다. 이들 비디오방이 집중
적으로 운집해 있는 곳은 청소년들이 많이 모여드는 신촌, 돈
암동, 신림동, 청량리, 화양리 등이다. 비디오방의 주요 고객
은 청소년과 대학생들로 소위 신세대들이다.

그들에게 있어서 비디오 방은 바로 그들의 아지트 역할을
하는 탈선의 장소가 되고 있어 최근 사회 문제화되고 있다.
일단 1인에 4천원, 2인에 5천원의 저렴한 가격과 무엇보다도
비디오방에 들어가면 비록 약 1.5평 가량의 작은 방이지만
전혀 간섭을 받지 않는다는 사실이다. 밖에서 안을 들여다 볼
수 없도록 되어있는 곳이 대부분이고 다닥다닥 붙어있는 밀
실에, 일부러 신경써서 보지 않고는 사실상 안에서 무슨 일을

또하나의 청소년 탈선장소로 지탄을 받고 있는 비디오방

하는지 알 수도 없다. 거기에 방음시설도 완벽하고, 의자도 팔걸이가 있는 편한 의자로 누워서 시청할 수 있을 정도다. 자신들만의 공간을 원하는 청소년들에겐 이곳만큼 편하고 좋은 곳이 없다. 예전에 심야 만화방이 하던 역할을 그대로 비디오방이 물려받아 하고 있는 것과 다름이 없다.

그 속에서 담배를 피고, 술을 마시고, 여자친구와 함께 오면 노골적인 애정행위도 마다 않는다는 얘기다. 그래서 그런지 대학가와 유흥가에는 어김없이 비디오방이 성업중에 있다. 실제 재수생 학원이 있는 노량진과 유흥가인 청량리와 화양리 등의 비디오방에 가보면 대낮인데도 남녀가 성인 비디오를 보면서 낯 뜨거운 장면을 연출하고 있는 것을 쉽게 목격할 수 있다고 한다. 또한 재수생들은 공부의 스트레스를 풀기 위해 술을 마시고 담배를 피우는 등 청소년들의 탈선장소로 자리잡고 있다는 관계자들의 말이다. 특히 최근에는 성인 비디오를 보면서 벤졸을 흡입하다 경찰에 붙잡혔고, 망우동의 모 비디오방에서는 청소년들이 본드를 흡입하고 소녀를 성폭행하여 구속되었다는 기사가 실려 사회적인 충격을 주고 있다.

물론 모든 청소년들이 비디오방에서 탈선을 경험하는 것은 아니지만 일부 청소년들은 여자친구를 사귀어 비디오방에 가는 것이 소원이라고 말할 정도로 그들에게 비디오방은 노래방과 함께 절대적인 인기를 얻고 있다.

96년 1월에 서울YMCA 건비연이 5백8명을 대상으로 조사하여 발표한 '청소년 비디오 감상실 이용실태 조사 보고서'에 의하면 응답자의 64.2%가 비디오방에 가보았다고 응답을 했고, 한달에 1회 이상 정기적으로 비디오방에 간다는 청소년이 47.5%, 8회이상 간다는 청소년도 17.1%로 나타났다. 또한 대부분의 청소년들이 비디오방에는 또래 친구들과 같이 가지만 이성친구와 함께 간다는 비율도 25.6%에 이르렀고, 이중 자정이후 심야에 비디오방에 간 경험이 있는 청소년이 11.4%나 되었다.

YMCA조사에서 우리가 눈여겨 볼 점은 바로 청소년들이 비디오방에서 어떤 영화를 보느냐이다. 그들이 자주 보는 비디오 10편을 살펴보면 「너에게 나를 보낸다」, 「엠마뉴엘」, 「스페셜리스트」, 「마누라 죽이기」, 「손톱」, 「원초적 본능」, 「애마부인」, 「데미지」, 「컬러오프 나이트」 등 폭력 선정적인 영화가 주류를 이루고 있다는 점이다.

특히 청소년들이 비디오방 출입시 주인의 태도에 대해서는 신분증을 제시하는 등 출입에 제한을 받는 경우는 거의 없고 오히려 알면서도 입장을 시키고 있고, 성인용 에로물을 보겠다고 해도 제지를 한 업소 주인은 23.9%에 지나지 않고 있다는 점이다.

현행 관계법인 음비법에서는 비디오 대여업자가 청소년들에게 연소자 관람불가 비디오를 대여했을 경우 3년 이하의

징역, 2천만원 이하의 벌금에 처하도록 되어있는데 이를 비디오방 주인들이 전혀 상관하지 않고 있다는 것이다.

이에 뜻있는 업주들이 모여 자정 결의대회를 하고 사회단체에서 문제를 제기하고는 있지만 그 실효성은 미약하다. 관계 법규도 미진하여 일반 관계 법규인 음비법(음반 및 비디오에 관한 법률) 개정안이 통과되었지만 시행령 마련과 그 효력이 발생하기까지는 96년 6월 이후에나 가능하여 그 때까지는 여전히 탈선의 장소로 제공되는 무법지대로 남아 있을 것으로 예상된다. 특히 현재 비디오방을 운영하는 업소 중 약 60%가 기존의 비디오 대여업자인 것으로 알려져 있어 이들에 대한 각성이 요구된다.

비디오방은 우리나라와 대만에만 있는 독특한 영상문화이다. 이미 원조격인 일본은 개인용 포르노 비디오극장으로 바뀌었다. 이처럼 우리 사회의 암적인 존재로만 비디오방이 존재한다면 관계 당국의 보다 강력한 단속과 처벌이 있어야 할 것이고 그래도 고쳐지지 않으면 그 업소를 폐지해야 할 것이다. 하루 빨리 관계자들의 대책마련이 요구되는 일이다.

가족 비디오 도서관을 만들자

전세계적으로 비디오가 처음 태어난 것은 1976년도 일본에서였다. 일본의 가전회사인 JVC가 지금의 VHS형 비디오

기기 및 테이프를 개발한 것이다. 하지만 당시만 해도 비디오가 이렇게까지 대중화될 줄은 예측을 못했다고 한다. 비디오가 본격적으로 대중화된 시기는 1980년대에 들어서이다. 이때 전세계적으로 급속도로 보급 확산 되어 기존의 방송과 케이블TV 사업을 위협했다. 우리나라도 80년대 초반부터 서서히 세운상가를 중심으로 비디오가 보급되기 시작했다. 세계적인 보급과 거의 일치한다고 할 수 있다.

이런 비디오의 가장 큰 장점은 바로 개인이 원하는 대로 영상을 편집하거나 재생할 수 있고, 텔레비전 프로그램을 녹화하여 자신이 원하는 시간과 장소에서 볼 수 있다는 점이다. 이는 기존의 방송이 꼭 편성 시간에만 볼 수 있는 불편함을 해소하는 것으로서 바야흐로 개인주의 영상문화의 막을 연 것으로 평가되고 있다. 이를 앨빈 토플러는 그의 저서 '제 3의 물결'에서 제 2의 물결인 대중매체의 강력한 통제에서 개인화로 변모하는 제 3의 물결의 대표적인 탈 대중화 현상이라고 말을 했다. 그의 예측대로 비디오는 우리사회에 폭발적인 증가를 보였다. 이미 VCR은 대중화된 상태이고, 캠코더는 서서히 대중화의 길을 걷고 있다. 이제 신혼생활의 필수품으로 TV와 함께 그 자리를 잡고 있다.

특히 비디오는 하루가 다르게 증가하는 현대사회의 여가생활속에서 자칫 개인주의로 흘러버릴 수 있는 가정생활에 캠코더를 가지고 가족이 함께 제작하거나, 좋은 비디오를 함께 시청함으로써 가족간의 결속기회를 제공하여 준다는 점에서 기대가 되었던 매체이다.

하지만 대부분의 사람들은 비디오를 단지 비디오 대여점에서 재미있는 비디오를 빌려 혼자 보는 매체로서만 사용하고 있다. 또한 기기 사용에 대한 거부감을 갖고있다. 예를들면 비디오에는 TV와 연결되어 다양한 기능이 있음에도 단순히 비디오의 재생 등 한두 가지 기술만 사용하고 있다. 이러한 현상은 남자보다는 여성, 특히 주부들이 그 정도가 심한 것으로 나타나 있다. 아마도 각 가정에서 비디오를 조작하다 한번쯤 잘못해서 당황했던 경험을 해 본 주부들의 숫자가 적지 않을 것이다.

이런 현상이 나타나게 된 데는 VCR 제작사에도 일정 부분 책임이 있다. 설명서를 어렵게 만들거나, 잘 알아 볼 수 없게 만들어 일반 소비자들이 보기에 짜증나게 하는 경우가 그것이다. 그렇지만 우선은 일반 사용자들의 책임이 더 크다는 점을 인식해야 하고 이러한 일반인들의 기기 기피증은 비디오의 올바른 이용을 막고 있다고 할 수 있다.

오늘부터는 우리 가정의 비디오에 어떤 기능이 있는가를 살펴보고 그 다양한 기능을 응용해보자. 캠코더가 있는 가정의 경우는 가족의 모습을 영상으로 담아 가족비디오 도서관을 만드는 것이 바람직하다.

먼저 초등학교 어린이들을 위해서 다큐멘터리 프로그램과,

미취학 어린이를 위해서는 아침 7시 40분에 방송되는 유아 프로그램을 녹화 해 두는 것이 좋다. 유아 프로그램일 경우는 아이들이 유치원이나 탁아방에서 돌아오는 시간에 다시 틀어 주면, 어린이들이 집안에서 오락기 등을 갖고 오후시간을 보내지는 않을 것이다.

초등학생용으로 녹화해 둘만한 프로그램은 다양한 다큐멘터리이다. 예를들면 얼마전에 방영되었던 KBS와 일본의 NHK가 공동으로 제작한 「생명, 그 영원한 신비」 같은 프로그램들이라든가, 자연의 신비를 담은 다큐멘터리, 미지에의 탐험을 그린 다큐멘터리 등은 언제든지 어린이들에게 다시 보여줄 수 있는 프로그램들로서 충분히 녹화해 둘 만한 가치가 있다. 녹화를 해둔 테잎은 날짜와 시간을 적어 잘 보관한다.

이밖에 집안에 가정용 비디오 카메라가 있으면 마찬가지로 가정의 각종 행사라든가, 특별한 일에 녹화를 해두면 더 없이 좋은 영상자료가 될 것이다. 특히 어린이들의 경우는 어렸을 때부터 순서대로 녹화를 해 둔다면 나중에 성인이 되었을때 새로운 감흥을 불러일으킬 것이다.

6. 다양하고 전문화되어 있는 28개
꿈의 채널 케이블TV

케이블TV는 유선방송이다

케이블TV는 말 그대로 유선으로 방송을 전달한다. 기존의 무선방송인 공중파 방송의 경우는 남산과 같이 높은 산 꼭대기에 송신탑을 세워놓고 방송전파를 발사해서 각 가정에서는 이를 안테나로 받아 방송을 볼 수 있게 하는 것이다.

하지만 이러한 무선 전송방법에는 몇 가지 단점이 있다. 폭

아직은 프로그램의 질적인 면에서 전문화, 다양화 되지
못했지만 그 가능성이 기대되는 27채널의 케이블TV.

풍우 등 자연 재해에 약하다는 점과 지형 지물에 약하다는 점이다. 즉 무선전파는 고층빌딩과 높은 산에 가로 막히면 제대로 전달이 안된다는 약점이 있다. 이는 우리나라와 같이 도시에는 빌딩과 고지대가 많고, 지역에는 산악지형이 많은 지역적 특성을 가진 나라에서는 필연적으로 난시청 지역의 발생이라는 문제를 초래한다. 이러한 난시청 지역을 해결하기 위해 태어난 것이 바로 케이블TV의 시초가 된 유선방송이다. 유선방송은 선으로 방송을 전달하기 때문에 자연재해에 상관없이 방송을 전달할 수 있고, 질적으로도 전파가 유선으로 보호되기 때문에 기존의 방송보다도 깨끗한 화면을 볼 수 있다.

유선방송이 차츰 대중성을 확보하자 본격적으로 독립된 채널이 생겨나기 시작하여 발전한 것이 오늘날의 케이블TV 인 종합유선방송이다. 전세계적으로도 불과 20-30년의 역사를 지닌 신생 방송인 것이다. 하지만 케이블TV는 케이블이라는 하드웨어의 발달과 함께 발전을 거듭하여 수 개의 채널 용량이 수십개 채널로 늘어났으며 최근에는 꿈의 신소재라고 하는 광케이블이 개발되어 수 백개의 채널이 가능하게 되었고, 미래의 초고속정보통신망의 기초가 되는 뉴미디어의 선두주자로서 발돋음하게 되었다.

케이블TV는 다양하고 전문화된 방송이다

케이블TV의 가장 큰 특징은 다양한 채널을 보유하고 있다는 점이다. 우리의 경우는 27개의 채널과 1개의 지역채널로 운영하지만 세계에서 케이블TV 산업이 가장 발달한 미국의 경우는 각 방송국 당 평균 1백여개의 채널을 보유하고 있고, 앞으로 5백여개의 채널을 꿈꾸고 있다.

말이 30개, 1백개, 5백개지 이 정도면 대부분의 수신자들은 채널 숫자에 대해서 무감각해진다. 몇번 채널이 무슨 채널이라는 것을 인식하기에도 많은 시간이 필요하고, 실제로 하룻 동안 모든 채널을 볼 수도 없다. 따라서 일부의 사람들은 그 많은 채널이 과연 필요한 것인가라는 의문을 제기한다. 그렇지만 결론적으로 그 많은 채널은 필요하다.

그 이유는 우선 케이블TV는 각 채널마다 대상 시청자가 다르다는 점을 지적할 수 있다. 케이블TV는 공중파 방송처럼 대한민국의 모든 시청자들을 대상으로 방송하는 것이 아니다. 각 채널마다 성별, 연령별, 직업별, 기호별로 시청대상이 나누어진다. 영화를 좋아하는 사람을 위해 하루종일 영화만 방송하는 채널이 있고, 음악을 좋아하는 사람들을 위해 뮤직비디오를 방영하는 음악채널이 있고, 어린이만을 대상으로 한 채널도 있다. 물론 온 가족을 대상으로 한 가족채널도 있지만 그것은 극소수의 채널로 한마디로 케이블TV는 기존 공중파 방송에서 미처 신경쓰지 못했던 시청자들을 위해 보다 다양하고 전문적인 프로그램을 제공하는 방송이라고 할 수 있다.

케이블TV는 동네방송이다

케이블TV는 또한 동네의 방송이기도 하다. 이를 위해 전국을 116개의 지역으로 나누어 각 지역마다 종합유선방송국 1개만을 허가하여 독점적으로 운영하게 했다. 지역을 나누는 기준은 대도시는 구 단위로 나누고 그외 지역은 인구와 행정구역을 중심으로 10만-15만 가구 정도로 나누었다.

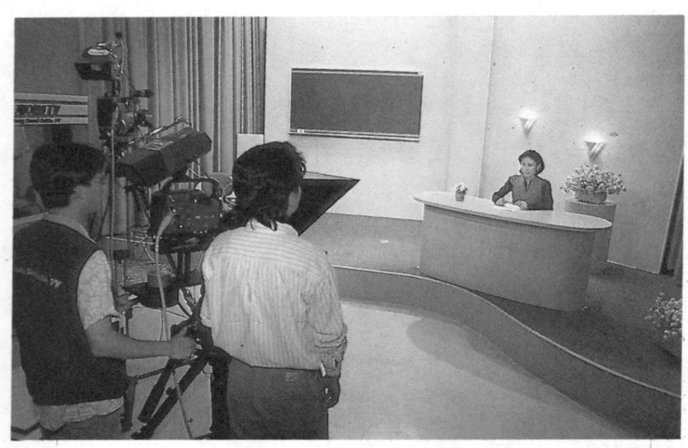

케이블 TV의 특징 중에 하나가 바로 지역방송이다.
각 방송국마다 지역채널이 있어 지역의 순수한 정보를 제공한다.

우리의 경우는 현재 대도시 중심으로 전국에 53개의 종합 유선방송국이 허가되어 있다. 이들 방송국들은 27개의 프로그램 공급업자로부터 프로그램을 공급받아 일반 수신자들에게 공급하는 역할도 하지만 자체적으로 운영하는 지역채널이 있다.

지역채널의 시청영역은 작지만 소중한 해당 지역의 소식만을 담아 방송한다. 예를들면 서대문구 구역의 서서울케이블TV의 경우는 신촌일대의 별미집과 조기축구회 소개, 구인구직 정보를 전달하고 있고, 종로, 중구 구역의 중앙케이블TV는 개교 1백주년을 맞이하는 재동국민학교를 집중적으로 소개했다. 또한 중랑구의 중부종합유선방송은 상봉동과 중화동에 사는 주부들을 출연시켜 애창곡을 소개하는 기회를 주기도 했다.

이러한 지역채널 프로그램들은 지역주민 스스로가 지역사회의 구성원으로서 그동안 무관심했던 지역사회를 되돌아 보는 계기를 만들어 주고, 지역주민의 다양한 욕구를 수용하는 한편, 지역사회에서 야기되는 각종 갈등을 해소함으로써 지역공동체의 실현에 기여를 할 것으로 기대하고 있다.

케이블TV는 쌍방향 방송이다

지금까지의 방송은 보내는 쪽, 즉 방송사가 수신자에게 일방적으로 전달하는 일방적인 방송이었지만 케이블TV는 다르다. 보내는 쪽과 받는 쪽이 서로 의사소통이 가능한 쌍방향 방송이다. 물론 기존의 방송사 프로그램에도 쌍방향 기능이 없는 것은 아니다. 편지, 팩스, 전화, 전자 사서함 등으로 수신자들은 자신의 의견을 방송사에 전달할 수 있지만 대부분 간접적인 방법들이었다.

반면에 케이블TV는 채널 곳곳에 수신자들의 참여 공간을 열어 놓았다. 대표적인 채널이 바로 지역채널이다. 수신자들이 직접 지역채널 프로그램에 출연하여 지역의 문제에 관해 자신의 의견을 말할 수 있고, 해결점을 제시할 수도 있다. 또한 홈쇼핑 채널은 수신자들이 전화나 팩스로 상품을 직접 구입할 수 있다. 앞으로 이러한 케이블TV의 쌍방향 기능은 광케이블을 기초로 한 초고속정보통신망이 확립되면 홈뱅킹, 방범방제 시스템 등 새로운 쌍방향 시대를 열어 줄 것으로 기대된다.

7. 우리 가족에게 꼭 필요한 채널인가

케이블TV를 말하기에 앞서 우선 우리 가족은 케이블TV에 가입할 것인가, 안 할 것인가를 결정하는 일부터 해야한다.

가입을 결정하기 위해 고려해야 할 사항은 두 가지다. 첫번째는 과연 케이블TV가 우리 가족 구성원에게 꼭 필요한 매체인가를 결정하는 것이고, 두번째는 경제적인 부담을 고려해야 한다. 이 일을 계기로 가족간에 가족회의를 여는 것이 좋다.

회의를 하기전에 필요한 조치가 있다. 가족 구성원 중 한명이 케이블TV란 무엇인가라는 기초적인 상식에서부터, 팜플렛에 나와있는 각 채널 편성표를 가지고 가족들에게 필요한 프로그램이 있는지를 조사하는 것이다.

집안에 대학 입시생이 있는 가족은 교육채널이 도움이 되는지, 영화와 관련된 일을 하거나 영화보는 것이 취미인 사람에게 영화채널이 필요한지, 종교를 가지고 있는 가족의 경우는 더욱 진실한 종교생활을 위해 케이블TV가 도움이 되는지, 집안에서 노부모를 모시고 있는 가정의 경우 한낮에도 TV 시청이 필요한지 등을 살펴보는 것이다. 이와 같은 점을 고려하여 현재 방송되고 있는 케이블TV의 27개 채널 하나하나를 살펴보고 가족들에게 필요한 채널이 5-6개라도 있으면 일단 가입을 권할만하다.

두번째로 살펴 볼 점은 비용이다. 가정에서 케이블TV를 시청하려면 일정액의 가입비와 수신료를 납부해야 한다. 가입비는 케이블 설치비로서 각 지역마다 동일하지만 아파트, 연립 등 공동주택인 경우는 6만원, 단독주택인 경우는 4만원이다. 여기에 컨버터 대여 보증금으로 3만원이 포함된다.

수신요금은 기본채널과 유료채널로 나뉘어 결정된다. 기본 채널은 일정액의 가입금과 매달 일정액의 수신료를 납부하면 볼 수 있는 채널이다. 현재 우리의 경우는 유료영화채널인 캐치원을 제외하고 모든 채널이 기본채널에 속한다. 또한 기본채널을 볼 경우는 기존 공중파 방송도 함께 시청할 수 있다.

수신료는 기본채널이 매달 1만5천원, 유료채널이 7천8백원이고 여기에 컨버터 대여료 및 유지보수비 2천원이 추가된다. 따라서 초기에 가입하려면 약 7만원-9만원 정도의 가입비용이 들고, 매달 기본채널만 시청할 경우는 1만7천원, 기본채널과 유료채널을 함께 시청할 경우는 2만4천8백원 정도가 든다. 만약 한 가구에서 1-9대까지 추가로 케이블 TV를 시청할 경우는 50%를 할인해 주고, 10대 이상의 경우는 70%를 할인해 준다.

현재 이 정도의 수신료를 가지고 많은 사람들 사이에 비싸다는 의견이 있어 관계부처는 몇 개의 채널을 묶어 판매하는 팩키지안을 준비하고 있다. 만약 이 안이 실시된다면 수신료는 지금보다 훨씬 낮추어질 전망이다.

바로 위의 두 가지 점을 충분히 고려하여 가입을 결정한다. 결정은 부모의 독단으로 하지말고 가족 구성원 모두의 충분한 합의가 있는 것이 바람직하다. 왜냐하면 케이블TV는 가족 구성원 한 사람만을 위한 방송이 아닌, 어린이, 여성, 청소년, 입시생 등 각자에게 필요한 방송이기 때문이다. 특히 토론 과정에서 유의할 점은 바로 초등학생과 청소년들이다. 어린이와 청소년들은 아직 주체적인 판단 능력이 부족하다는 점에 있어서 다른 어느 계층보다도 군중심리에 휩싸일 염려가 있다.

만약 이러한 토론 과정없이 '옆집이 가입하니깐 우리도 한다' 라는 식의 가입을 한다면 곤란하다. 아무런 계획도 없이 무작정 케이블TV에 가입하여 매일 오락프로그램만을 시청한다면 케이블TV는 또 하나의 가정의 바보상자가 될 것이다.

가입방법은 간단하다. 해당 구역의 케이블TV 방송국에 가입신청을 하거나 각 가정에 방문하는 영업사원들, 외환은행과 주택은행에서도 신청이 가능하다. 직접 방송국에 가거나 우편, 전화, 팩시밀리를 이용하여 가입할 수 있다.

각 지역 케이블TV 방송국의 전화는 각종 홍보물을 통하여 쉽게 알 수 있다. 또한 멀리 떨어져 있는 부모님이나 친지를 위해 가입을 원하면 해당지역 방송국에 전화, 혹은 우편으로 신청을 하면 된다.

케이블TV를 시청하기 위해서 수상기는 따로 구입할 필요는 없다. 현재 사용중인 수상기를 이용하면 된다. 다만 채널 선택장치인 컨버터가 필요한데 이는 방송국에서 임대해 주기 때문에 굳이 일반 수신자가 개별적으로 구입할 필요는 없다.

가입신청시 숙지할 것은 꼭 수신가입 약관을 읽어보아야

한다는 점이다. 수신약관에는 수신자와 방송국간에 각종 관계들이 자세히 기술되어 있어 꼭 한번 읽어보고 숙지하는 것이 좋다. 또한 케이블TV는 채널의 종류에 따라 매달 수신료가 달라지기 때문에 기본채널을 볼 것인지, 유료채널을 볼 것인지 케이블TV 방송국에 명확히 의사표시를 해야 한다.

8. 철저한 계획시청만이
또 하나의 바보상자를 막는다

가입후에는 무엇보다도 철저한 계획시청이 요구된다. 계획시청을 하기 위해서는 일단 케이블TV의 기본적인 편성상의 특성을 살펴 볼 필요가 있다. 특히 이미 기존 공중파 방송에 익숙한 일반 수신자들에게 처음에는 케이블TV의 편성이 낯설 것이다. 편성의 기본적인 특성과 함께 케이블TV 이용방법을 살펴보면 다음과 같다.

첫째, 케이블TV는 재방송 비율이 상당히 높다. 보통 50%가 넘어가는 것은 기본이고 높은 채널은 60-70%까지 올라간다. 즉 아침에 방송된 프로그램이 저녁에 방송되기도 하고, 며칠후에 방송되기도 한다. 또한 이번 주는 월요일에 방송한 프로그램을 다음 주에는 수요일에 방송하는 경우도 있다. 이를 업계에서는 순환편성이라고 부른다. 이점에 대해서 많은 수신자들이 불만으로 생각하기도 하지만 좋은 프로그램을 좀 더 많은 사람들이 볼 수 있게끔 기회를 준다는 점으로 이해하면 된다.

둘째, 영화채널의 경우는 각 영화마다 시청 대상이 어린이·청소년 시청불가영화, 일반가족영화, 어린이 시청불가영화, 어린이·청소년 시청불가 심야영화로 나누어 진다. 이러한 등급은 모든 영화가 시작되기 전과 도중에 화면으로 알려준다. 또한 어린이 청소년 시청불가 영화는 밤 10시부터 다음날 6시까지만 방송할 수 있다. 케이블TV에서 가족시청 시간대라고 한다면 오후 6시부터 밤 10시이다. 따라서 집안에 어린이, 청소년들이 있다면 성인시간대에 각별하게 신경을 쓸 필요가 있다. 특히 영화는 거의 모든 채널에 편성된 수신자들이 가장 좋아하는 프로그램으로서 성인용 영화가 많이 방송되기 때문이다.

셋째, 채널마다 전문 편성이 있고 복합편성 채널이 있다는 점이다. 원칙적으로는 케이블TV는 전문편성을 중심으로 한다. 즉 영화면 영화, 음악이면 음악 한 프로그램만을 다양한 형태로 변형시켜 프로그램을 제작 방송하는 전문편성이다. 하지만 그 장르 구분이 애매해 오락, 어린이, 여성채널 등은 복합편성 채널을 지향한다.

넷째, 편성시간대가 기존의 공중파 방송시간이 아닌 시간대에도 방송을 한다는 점이다. YTN과 홈쇼핑채널은 24시간 뉴스를 방송하고 있고, 몇몇 채널들도 자정이후에도 방송을 한다. 기본적으로 케이블TV는 공중파 방송 아침방송이 끝나는 아침 10시부터 오후 5시 30분까지 방송을 하고, 공중파 방송 시간대에도 방송을 한다.

이러한 케이블TV의 기본적인 편성을 토대로 계획적인 시청을 한다. 기존 공중파 방송처럼 마치 TV중독증 환자처럼 텔레비전을 시청하는 것이 아니라 일주일에 날을 정하여 온가족이 모여 자신에게 필요한 프로그램과 시간대를 정하고, 그것이 제대로 지켜졌는지 시청일지를 통하여 감시하는 것이다. 이러한 계획시청은 특히 집안에 어린이 청소년이 있는 가족 구성원에게는 꼭 필요하다.

그동안 선정된 좋은 비디오

　서울YMCA 건비연(건전 비디오를 연구하는 시민의 모임)
이 선정한 어린이 청소년을 위한 좋은 비디오

I. 어린이를 위한 비디오
-시민이 뽑은 비디오 100 중 제 5주제
〈어린이를 위한 비디오〉
1. 피노키오의 모험(성바오로 미디어)
2. 걸리버 여행기(우일영상)
3. E.T(CIC)
4. 벤지(오아시스 비디오)
5. 오즈의 마법사(우일영상)
6. 올리버(우일영상)
7. 메리 포핀스(월트 디즈니)
8. 용감한 아스트릭스(우일영상)
9. 아기공룡 둘리(SKC)
10. 아기 코기리 덤보(월트 디즈니)

II. 서울 YMCA 청소년을 위한 좋은 비디오 120선

● 주제 : 가족의 기쁨과 슬픔
1. 정복자 펠레(영상)
2. 크레이머 대 크레이머(우일영상)
3. 보통사람들(CIC)
4. 황혼(CIC)
5. 혼자도는 바람개비(리스 비디오)
6. 장남(세경)
7. 개같은 내 인생(영광크린)
8. 레인맨(SKC)
9. 뮤직박스(세경)

● 주제 : 자유로운 배움
10. 죽은 시인의 사회(드림박스)
11. 나의 빈센트(골든베어)
12. 꼴지부터 일등까지 우리반을 찾습니다(정우)
13. 행복은 성적순이 아니잖아요(세웅)
14. 섬마을 정선생님(MBC 프로덕션)
15. 볼륨을 높여라(우일영상)
16. 영국의 썸머힐(MBC 프로덕션)

● 주제 : 사랑과 우정

● 주제 : 사람이 사는 여러길

● 주제 : 스티븐 스필버그의 영화세계

● 주제 : 데이비드 린의 영화세계

● 주제 : 뮤지컬 영화

III. 청소년을 위한 좋은 비디오 20 -1994년 여름

1. 로빙화(SKC)

2. 오시(SKC)

3. 찰리채플린(우진)

4. 위대한 승부(CIC)

5. 로렌조 오일(CIC)

6. 흐르는 강물처럼(영성)

7. 아틀란티스(SKC)

8. 갯벌은 살아있다(MBC 프로덕션)

9. 월드 오브 디스커버리(계몽아트콤)

10. 내셔널 지오그래픽(미디아트)

11. 우리들의 일그러진 영웅(드림박스)

12. 카드로 만든 집(SKC)

13. 토토의 천국(골든베어)

14. 그랜드 캐넌(우일영상)

15. 터커(우일영상)

16. 리틀 빅 히어로(우일영상)

17. 밥 로버츠(드림박스)

18. 베를린 천사의 시(미디아트)

19. 대영박물관(한본물산)

20. 하이테크 도전(신한 프로덕션)

Ⅳ. 청소년을 위한 좋은 비디오 20- 1994년 겨울

1. 허공에의 질주(SKC)

2. 카드로 만든 집(SKC)

3. 트라비에게 갈채를(드림박스)

4. 스미스씨 위싱톤에 간다(우일영상)

5. 간디(콜럼비아)

6. 아라비아의 로렌스(콜럼비아)

7. JFK.(SKC)

8. 죽은 시인의 사회(드림박스)

9. 베를린 천사의 시(미디아트)

10. 토스카니니(정우)

11. 장미의 이름(우일영상)

12. 몬트리올 예수(미디아트)

13. 브로드캐스트 뉴스(우일영상)

14. 정글속의 고릴라(SKC)

15. 나무를 심은 사람(분도시청각)

16. 갈매기의 꿈(서울음반)

17. 환타지아(월트디즈니)

18. 스노우맨(드림박스)

19. 모던 타임즈(우진비디오)

20. 우리들의 일그러진 영웅(드림박스)

Ⅴ. 청소년을 위한 좋은 비디오 20 -1995년 여름

1. 피노키오(월트디즈니)
2. 찰리브라운(폭스 비디오)
3. 꼬마공룡 딩크(대한영상)
4. 루키(폭스 비디오)
5. 프리 윌리(SKC)
6. 비밀의 화원(SKC)
7. 정글북(SKC)
8. 진짜진짜 동물나라(미디아트)
9. 해저의 신미(미디아트)
10. 활화산 탐험(미디아트)
11. 휘모리(SKC)
12. 아버지의 이름으로(CIC)
13. 바이올린 플레이어(폭스비디오)
14. 귀주이야기(스타맥스)
15. 길버트 그레이프(SKC)
16. 버닝 시즌(SKC)
17. 닥터 스트레인지 러브(시네마데끄)
18. 자전거 도둑(명화비디오)
19. 시민 케인(시네마데끄)
20. 더 바이블(우일영상)

Ⅵ. 청소년을 위한 좋은 비디오 20- 1995년 겨울

1. 둘리의 배낭여행(오리온 카툰네트워크)
2. 정글북(브에나 비스타 홈비디오)
3. 크리스마스의 악몽(브에나 비스타)
4. 작은 영웅들(SKC)
5. 저공비행(우일영상)
6. 단스(성베네딕트 수도원)
7. 생명에 바친 생명 박시밀리언 콜베(성베네딕트 수도원)
8. 새도우랜드(드림박스)
9. 자이언트 팬더(미디아트)
10. 잃어버린 왕국 :마야(미디아트)
11. 국가의 탄생(시네마데끄)
12. 칼리가리박사의 밀실(시네마데끄)
13. 전함 포템킨(명화클럽)
14. 메트로폴리탄(시네마데끄)
15. 게임의 규칙(시네마데끄)
16. 시민 케인(시네마데끄)
17. 무방비 도시(시네마데끄)
18. 제 3의 사나이(영화마을)
19. 지상에서 영원으로(콜럼비아 트라이스타)
20. 흑인 오르페(시네마데끄)

케이블TV 채널 소개

지역채널

온 가족이 케이블TV 중 가장 눈여겨 볼 채널이 바로 지역채널이다. 지역채널은 지금까지의 서울중심의 정보가 아닌 지역의 실질적인 정보들로서 특히 지역에 경제적인 기반을 둔 사람들에게 꼭 필요한 채널이라고 할 수 있다. 지역채널에서 방송되는 내용은 세 가지로 나눌 수 있다.

첫째, 풍부한 생활정보가 제공된다. 어느 지역의 무슨 상가에서 열리는 세일 정보, 지역 물가동향, 전,월세를 포함한 부동산 정보, 노인들과 가족을 위한 건강정보, 알기쉬운 법률상식, 그리고 구청 및 읍사무소의 각종 공지사항 등 실생활에서 꼭 필요한 생활정보가 제공된다.

둘째, 지역사회에서 안고 있는 문제점을 해결하는 장이 된다. 각 지역 마다 안고 있는 쓰레기 문제, 환경오염 문제, 청소년 문제, 교육 문제 등을 밝히고, 지역주민 스스로가 문제를 해결할 수 있는 방안을 모색해 보는 프로그램이 방영된다.

셋째, 지역의 풍부한 문화 · 예술과 각종 행사를 만날 수 있다. 우리나라는 각 지역마다 유형, 무형의 문화재가 많다. 예를들면 진주 오광대 탈놀음, 동래 지신밟기, 강령 탈춤, 강릉

관노 가면극 등이 그것이다. 또한 진해의 군항제, 남원의 춘향제 등 각 지역마다 다체로운 문화행사가 열린다. 이러한 우리의 전통문화 예술과 각 지역의 문화행사를 지역채널에서 만날 수 있다.

보도채널

● 연합TV뉴스 YTN(CH24)

YTN은 24시간 생방송 중심의 편성의 종합뉴스 전문채널로서 그동안 대구가스 폭발사건, 지방자치 선거, 삼풍참사를 최초로 생중계했으며, 국회의 단독생중계 등의 특종을 낚아 케이블TV 위상을 높이는데 기여했다.

YTN의 주요 수신자는 여론을 선도하는 인텔리계층, 정보욕구가 강한 경제인 여론과 뉴스에 민감한 신세대와 심층정보가 필요한 전문직 종사자들이다. 주요 편성으로는 매시 정시와 30분 2회 「뉴스」와 「기상센터」를 방송하고, 국내외 뉴스를 같은 시간대에 진행 상황별로 생방송하는 「정시 휠(Wheel) 뉴스」, 매시간 마다 주요뉴스를 압축보도하는 속보성 프로그램인 「뉴스 메모」, 세계의 동향과 지구촌 생활을 생생하고 신속하게 보도하는 「YTN 인터」, 그날 발생한 뉴스와

정보를 총망라하는 대형 와이드 프로그램 「프라임 뉴스」가
있다.

● 매일경제TV (CH20)

매일경제TV는 매일경제신문 계열의
회사로서 '경제를 보다 쉽게' 라는 슬로
건 아래 경제뉴스를 중심으로 한 경제
전문채널이라고 할 수 있다. 전체적인
편성은 경제뉴스를 중심으로 기업정보, 증권시황, 부동산, 경
제해설, 유통, 해외경제, 과학기술 등의 정보를 신속하고 정
확하게 전달하고, 국내외 산업경쟁력 확보차원에서 모든 산
업에 걸쳐 심층분석하고 집중 보도 프로그램으로 구성되어
있다.

매일경제TV의 주요 대상 수신자는 가계소득 상위의 수준
과, 높은 교육수준, 구매력이 높은 층의 시청자 및 기업 경영
정책 결정자, 자영업자, 주부, 학생이다. 대표적인 프로그램
으로서 「산업재계뉴스」, 「증권핫라인」, 「증시현장」, 「부동산
뉴스」, 「부동산 전망대」, 「CNN월드비즈니스투데이」, 「이것
이 하이테크」 등이 있다.

영화채널

● 캐치원 (CH31)

　캐치원은 유료영화채널로서 최신의 극장, 화제영화, 해외 인기영화 등을 엄선하여 방송하고 채널 중 유일하게 광고 방송없이 방송을 한다. 캐치원은 유료채널 답게 몇 가지 가입자에게 특전을 부여하고 있다. 1년간 가입자 중 1백명을 추첨하여 헐리우드 여행기회를 제공하고, 각종 영화 시사회에 초대되어 영화감상 및 출연진과의 만남의 기회를 갖는다.

● 대우시네마네트워크(CH22)

　대우시네마네트워크는 구매활동이 가장 왕성한 30-40대를 주대상으로 다양한 장르의 영화와 국내외 영화정보로 100% 편성된 영화전문방송이다. 캐치원과 달리 DCN은 기본채널로서 아침10시부터 자정까지 방송을 한다.

　DCN의 편성은 시간대별로 대상 수신자를 차별화하여 밤 8시부터 10시까지는 가족시청시간대로서 가족영화를 방영하고, 이후 자정까지는 성인대상시간대로서 성인용 영화를 집중적으로 방영한다. 또한 아침 10시부터 오후 5시까지는 주부대상의 영화를 방영하고, 5시부터 7시까지는 어린이, 청소년대상의 영화를 주로 방송한다.

음악채널

● 뮤직네트워크 m · net (CH27)

뮤직네트워크는 주로 13세에서 27세의 청소년과 젊은층을 대상으로 한 음악전문채널이다. 주로 국내외의 뮤직비디오를 중심으로 방송되는 뮤직네트워크는 공중파 방송과 차별화된 음악방송을 위하여 첨단 그래픽 영상미를 추구함은 물론 국내 최초의 디지틀 방송장비 및 하이파이 스테레오 방식의 고화질, 고음질 방송을 하고 있다.

주요 프로그램으로는 일일 VJ쇼로서「젊음이 있는 곳에」, 「뮤직 핫라인」, 「뮤직플러스」 등이 있고, 뮤직 토크쇼로서 「클럽 m · net」가 있다. 이밖에 주간 VJ쇼로서「Go m.net Go」와「스타VJ쇼」가 있고 음악연예 정보프로그램으로서 「와이드 연예뉴스」가 있다.

● 코리아음악방송(CH43)

코리아음악방송은 15-25세의 중고등학생과 대학생을 대상으로한 음악전문채널로서 듣는 음악에서 보는 음악으로의 시대적 요구에 부응하기 위해 외국 뮤직비디오보다는 국내 뮤직비디오를 제작하여 방영하고 있다. 또한 음악공연을 위해 7백석 규모의 홀을 건립하여 다양한 이벤트를 개최하고 있다.

주요 프로그램으로는 최신 가요뮤직비디오만을 보여주는 VJ 프로그램 「생방송 뮤직큐」, 한주간의 가요 인기도를 살펴보는 「빌보드 코리아」, 20-30대를 위한 라이브 공연 「쇼 뮤직탱크」, 아시아권 전문 음악프로그램으로서 재키림이 진행하는 「동방특급」, 이밖에 국내 팝 인기차트와 일본의 팝 차트를 비교 해 볼 수 있는 「아시안 탑40」가 있다.

여성채널

● GTV (CH35)

GTV는 새로운 여성문화의 창조를 통하여 가정과 사회의 행복을 추구하는 진로그룹의 여성전문채널이다. 주로 25세에서 35세까지의 중상류층 이상의 신세대 주부를 주요 시청대상으로 프로그램을 제작하고 있다.

주요 프로그램으로는 패션과 생활정보 프로그램을 중심으로 시사교양 프로그램, 건강레저, 오락, 문화예술 프로그램으로 구성된다. 주력 프로그램으로서 미국의 유명한 비디오 패션사가 지난 15년 동안 출시한 비디오를 소개하는 「해외 테마패션」등 각종 패션이벤트가 녹화방송되고, 개그우먼 이경실씨가 진행하는 재테크 프로그램 「돈, 돈을 법시다」, 음악, 미술, 연예등 각종 문화계 소식을 전해주는 「쇼, 문화특급」, 인테리어와 아웃인테리어를 포함한 주거문화에 대한 정보를 소개하는 「행복가득 오픈 하우스」가 있다.

● 동아텔레비전 (CH 34)

동아텔레비전은 25-34세의 젊은 주부층을 대상으로 그들의 세분화되고 다양한 욕구를 충족시키고, 실생활에 도움이 되는 실용적인 패션, 육아, 건강, 생활정보 등을 제공한다.

대표적인 프로그램으로서 알뜰살뜰 인테리어 총 정보 프로그램 「사랑이 머무는 곳에」, 일용품 소재에서 재활용까지 다양한 사용방법을 알려주는 「알고씁시다」, 컴맹주부를 위한 컴퓨터 교육 프로그램 「컴퓨터 사귀기」, 온가족이 함께 사교

춤을 배우는 「다함께 춤을」이 있다.

어린이 채널

● 대교방송 (CH17)

대교방송은 기존 공중파 방송에서 등한시 하고 있는 어린이를 위한 채널이다. 대교방송은 어린이학습지 회사인 대교의 계열회사로서 전국의 1만 3천여명의 눈높이 교사를 통해 활발한 홍보 활동을 하고 있다. 주요 편성 프로그램으로 만화, 오락, 교양정보 프로그램, 다큐, 교육 드라마가 방송되고 대표적인 프로그램으로 미취학 아동 대상의 학습프로그램인 「송이야 놀자」가 있다. 「송이야 놀자」는 일상생활속에서 흔히 볼 수 있는 친숙한 소재를 가지고 노래와 율동을 배우고, 구연동화, 이야기 나라 등이 방송된다. 이밖에 어린이들의 동요 보급을 위한 「푸른음악회」, 퀴즈 프로인 「도전 게임챔프」, 뮤지컬인 「뚜뚜리나 빠빠짠」, 학부모 대상의 「어머니 여러분」, 「엄마와 에어로빅」, 만화로는 「백설공주」, 「미래소년 코난」 등이 편성되어 있다.

가정오락채널

● 현대방송 (CH19)

가정오락채널로서 현대방송은 특정한 계층과 연령을 대상으로 한 다른 채널과 달리 온가족이 함께 보고 즐기는 가정오락채널이다. 현대 계열사 방송사로서 방배동에 대지 5천6백평, 스튜디오 2천9백평의 자체 방송사를 가지고 있다.

주요 편성 프로그램은 드라마, 오락, 영화, 교양프로이다. 대표적인 프로그램으로는 케이블TV 최초의 자체제작 드라마로서 최윤석PD의 「작은영웅들」, 음악 프로그램이지만 토크쇼를 가미하고 인기가수 노영심, 이문세, 박상원이 진행하는 「HBS스페셜」, 원종배 씨의 사회로 우리사회에서 벌어지는 기이한 사건이나 화제의 인물을 발굴하는 「진실게임」, 버라이어티 코미디쇼 「이야기속의 웃는 세상」 등이 있다.

● 제일방송 (CH36)

제일방송은 20대에서 40대 여성전업주부, 자영업, 자유업 종사자들을 대상으로한 드라마 오락전문채널이다. 대표적인 프로그램으로 TV, 라디오, 영화,

연극 등 각종 연예계 소식을 전해주는 「연예스페셜」, 최신 비디오 정보 프로그램으로 새로운 비디오의 자세한 소개와 함께 인기 비디오가 소개되는 「선택! 비디오박스」가 있고, 드라마로서는 대구방송에서 방송되어 인기를 끌었던 「아빠는 못말려」, 우리사회 뿌리깊은 병폐인 남아선호사상을 소재로 다룬 「아들과 딸」이 편성되어 있다. 이밖에 외화 프로그램으로서 「SOS 해상특공대」, 데이비드 린치 감독의 「트윈픽스」가 있다.

교양채널

● Q channel (CH25)

큐채널은 다큐멘터리 전문채널로서 91년 미국의 다큐멘터리 전문채널인 디스커버리와 독점제휴를 맺고, 국내 정상급의 광고회사인 제일기획을 모태로 한 채널이다. 지금은 삼성 영상사업단으로 통합되어 캐치원과 함께 삼성 영상산업의 주력 기업으로 성장하고 있다.

주요편성 프로그램으로는 세계의 다양한 다큐멘터리가 전체의 76.7%를 차지하고 나머지는 자연, 과학, 역사, 문화, 탐험, 교양, 가정오락으로 꾸며진다. 자체 제작하는 대표적인 프로그램으로는 주간 정규 다큐프로인 「다큐멘터리 오늘」 과

독특한 삶의 방식을 고집하는 모임을 찾아 그들의 인간애를 찾아보는 「공동체 시대」가 있다.

● 센추리TV (CH29)

센추리TV는 세계가 공통적으로 당면한 문제들과 21세기를 준비하는데 필수적인 교양정보 프로그램과 자연과 과학, 역사, 문화, 환경, 인간의 정신이 살아있는 다큐멘터리를 방송한다.

대표적인 프로그램으로서 최근 급속도로 확산되는 환경 프로그램으로서 수신자들에게 구체적인 환경보호 방법을 제시하는 「환경 TV로 말한다」, 최신 첨단 무기의 가공할만한 파괴력을 소개하는 「파이어 파워」, 한국에 살고 있는 주요 외국인의 하루를 밀착 취재하여 그들이 느끼는 한국에 대해 알아보는 「랑데뷰 서울」이 있다. 이밖에 미국의 대표적인 스미소니언 박불관을 소개하는 「스미소니언 월드」, 스릴 넘치는 탐험의 세계를 그린 「탐험의 세계」와 다큐프로로서 「CTN 다큐스페셜」이 있다.

교육채널

● 다솜방송 (CH 26)

다솜방송은 한샘국어로 유명한 학원 강사였던 서한샘 사장을 중심으로 설립된 채널로서 대입학원의 유명 강사진과 새로운 학습방법을 활용한 최상의 입시 교육 프로그램을 중심으로 편성되었다. 또한 정보화 사회를 대비한 평생교육 프로그램으로서 외국어, 과학, 기술관련, 교양, 취업교육, 각종 자격시험 프로그램이 있다.

주요 프로그램으로는 「다솜중학 TV 학습」 「다솜고교 TV 학습」, 「도전! 수능200」등 본격 대학 입시 프로그램과 서한샘 사장이 직접 강의하는 국어과목은 볼만 하다. 이밖에 가수 김도향씨가 직접 작곡한 태교명상음악을 소개하는 「김도향의 태교 에세이」도 화제를 불러 일으키고 있다.

● 마이TV (CH44)

마이TV는 주요 시청자를 중고등학생과 청소년으로 잡고 있고, 대주주인 시사영어사의 풍부한 영어회화 교육의 노하우를 십분 발휘한 편성이 주조를 이루고 있다.

주요 프로그램으로는 날로 비중을 더해 가는 토익 시험을 대비한 「TOEIC TOEIC」, 국내 수학교제의 최고로 인정받고 있는 「수학의 정석」, 컴퓨터를 보다 알차게 사용하기 위한 컴퓨터 전문 프로그램 「컴퓨터 월드」 세계 각지의 문화와 영향정보를 알려주고 여행자의 영어를 하루 한 마디씩 알아 가는 「영어기행」이 있다. 이밖에 듣기와 말하기에 중점을 둔 영어 회화 프로그램으로서 미국의 시진작가 리처드 스튜어드 가족의 일상생활영어를 그대로 교재로 만든 「Family Album U.S.A」가 편성되어 있다.

● 두산수퍼네트워크 DSN (CH23)

DSN은 「알찬정보 참된 교육」이라는 모토아래 양질의 교육 프로그램을 제작, 방송하여 평생교육의 장을 제공한다. 기존의 교육의 틀에서 벗어나 재미와 흥미를 겸비한 교육방송으로 새로운 영상교육의 장을 열겠다는 포부를 가지고 있다,

주요 편성은 고교학습을 중심으로 토익과 생활영어 프로그램, 성인교양 프로그램, 중학학습과 컴퓨터 학습 프로그램으로 편성되어 있다. 주요 프로그램으로는 고교영어의 바이블인 「성문기본영어」, 대입 본고사 논술고사를 대비한 「논리박사」, 컴퓨터에 관심을 갖는 수신자들을 위한 「컴퓨터로 여는

세상」, 수능시험에 대비한 「터치다운 수능 시리즈」, 조기교육의 올바른 길을 제시하는 「영재교실」, 영어회화를 부담없이 즐기면서 배우는 「최화정, 지니박의 팝스잉글리쉬」가 있다.

교통관광채널

● 교통관광TV (CH28)

교통관광TV는 '활기찬 생활의 벗'이라는 슬로건 아래 교통, 관광, 레저, 기상을 전문적으로 방송하는 채널로서 교통안전진흥공단이 1백% 출자한 채널이다.

대표적인 프로그램으로는 교통사고 예방과 자가 정비요령을 소개하는 「우리차 주치의」, 중고차 구입요령과 신차 및 여러 자동차를 소개하는 「자동차 백과」, 교통전문 변호사 및 보험사 관제가 출현하여 교통사고 법률상담을 하는 「28 교통상담」 프로그램이 있다.

관광 프로그램으로는 세계의 관광지와 숙박시설, 쇼핑정보를 전달하는 「여행레이다」, 여러 고장의 맛과 멋, 장터, 노래, 민속축제, 풍물들을 소개하는 「TTN 축제 한마당」, 세계 유명낚시터의 소개와 낚시 방법으로 소개하는 「해외낚시」가 있다.

스포츠 채널

● 한국스포츠TV (CH30)

한국스포츠TV는 기존의 방송이 프로야구, 축구 등의 인기 스포츠만을 중계방송하는데 비해서 국내외 각종 스포츠 프로그램을 중계함은 물론 주요 경기소식, 하일라이트 등을 집중적으로 방송하고 있다.

주요 프로그램 편성은 공중파 방송에서 미처 방송하지 못하는 프로야구, 프로축구, 프로농구, 골프 등을 중계하고, 고교축구, 고교야구, 실업배구 등을 중계방송한다. 한편 외국 스포츠 프로그램으로서는 NBA 월드 시리즈를 단독으로 생중계방송 하는 등 골프, 유럽 및 남미 축구, 테니스 등을 위성 생중계한다. 이밖에 단전호흡, 택견, 윈드서핑 등을 함께 배우는 「함께 해봅시다」가 편성되어 있고, 각종 건강정보 프로그램과, 낚시 등산 스키 등 각종 레저를 소개하는 「건강한 하루 활기찬 내일」이 있다.

종교채널

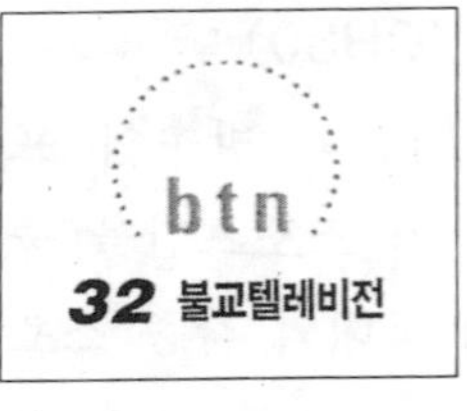

● **불교텔레비전** (CH32)

불교방송은 세계 최초의 불교영상 포교매체로서 전국의 1천5백만의 신도들은 물론 전국민을 대상으로 하고 있다.

주요 프로그램으로는 사회 및 생활 속의 화제에 대한 정보 습득과 이해를 위한 「btn 뉴스」가 있고, 티벳과 히말라야 등에 있는 세계의 불교 유적지를 탐사하는 「특선 다큐멘터리」, 한국의 명찰의 역사와 유래를 알아보는 「한국의 명찰」, 높고 큰 불교의 교리를 이해하는 알기쉬운 「btn 특강」, 불교교리 상담 프로그램으로서 「btn 전화를 받습니다」 등이 있다. 이밖에 외화 프로그램으로서 「만행승케인」이 있다.

● **평화방송TV** (CH33)

평화방송은 '시대의 빛 가정의 빛'이라는 모토아래 평화방송 FM과 평화신문과 함께 종합 매스컴으로 발돋음하고 있다. 평화방송은 그리스도의 복음을 영상을 통하여 보다 쉽게 널리 전달함은 물론 사회의 윤리와 도덕성 회복을 위해 노력한다.

주요 프로그램으로는 전국의 성당을 순회방문한 미사 중계 방송과 교리 강좌 프로그램이 주종을 이루고 있다. 구체적으로는 교회 관련 소식과 정보를 전해주는 아침 생방송 프로그램「생방송 온누리에 평화를」, 카톨릭 내의 단체나 모임의 일상과 그들의 모습을 알아보는「진리따라 사랑따라」, 천주교 교구 산하의 다양한 수도회를 찾아가 그들의 활동와 생활을 보습을 살펴보는「주여 당신 종이」가 있다.

● 기독교텔레비전 (CH42)

기독교텔레비전은 30대 이상의 전업주부와 기독교인을 중심으로 60대 이상의 노인층, 장애인등 소외계층을 주요 시청 대상으로 한 종교채널이다.

주요 편성 프로그램으로는 목회, 교회 게시판 역할을 하는 종합메거진 프로그램인「정보마당 주안에서 오늘도」가 있고, 삶의 놀라운 변화를 체험한 평범한 신도의 비범한 이야기를 간증형식으로 다룬「영상간증 42번가의 기적」, 교회에서 시행되는 성경연구를 영상기법을 통해 심도있게 다룬「KCTS 성경연구」가 있다. 이밖에 사회의 기독교 인사를 초청하여 그들의 말을 들어보는「명사와의 초대」, 우리 이웃의 진솔한 이야기를 통해 웃음과 감동을 전해주는「집사를 위하여」등이 있다.

문화예술채널

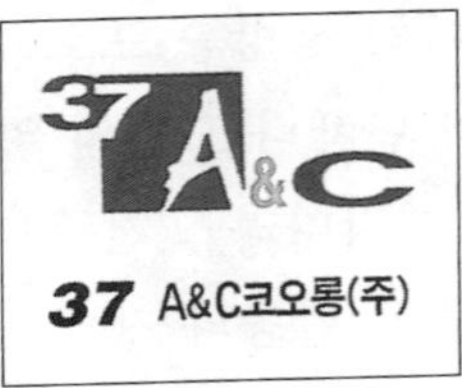

● A&C코오롱 (CH37)

A&C는 음악, 미술, 연극, 무용, 문학, 전통예술 등 모든 예술을 망라한 전문 프로그램을 제작 방영하고 있다.

주요 편성 프로그램으로는 예술의 창작과정과 예술가의 이면세계를 보여주는 「예술가의 초상」, 디자인의 의미와 중요성을 살펴보는 「디자인이 결정한다」, 문화예술계 인사를 초청하여 예술관이나 문화 전반에 관한 생각을 들어보는 「A&C 열린마당」이 있다. 이밖에 건축사적으로 비중이 있거나 예술감각이 돋보이는 건축물을 다각도로 조명하는 「건축산책」이 있다.

만화채널

● 투니버스 (CH38)

투니버스는 13세 이하의 어린이를 주요 대상으로 한 만화전문채널로서 미국, 일본 및 해외 각국의 수준 높은 프로그램을 수입하여 방영하고, 캐릭터 사업 및 게임 소프트 사업, 음반 및 비디오 사업 등 관련 만화산업의 다각화를 통하여 영상산업과 멀티미디어 산업의 결합을 추구하고 있다.

주요 만화 프로그램으로서 여름 캠프의 즐거운 추억만들기의「캠프 캔디」, 지구를 파멸시키는 외계 악당에 대항해 물리치는 모험담을 그린「펭킹라이킹」,「원탁의 삼총사」,「비밀의 화원」 등이 방송된다.

홈쇼핑 채널

● 홈쇼핑 텔레비전 (CH39)

홈쇼핑 텔레비전은 30-40대 주부를 대상으로 95년도 상품판매를 60억원으로 예상하고 있다. 24시간 생방송 위주의 방송으로 프로그램내의 판매촉진을 위한 다양한 프로모션성 포멧을 가미하고, 카달로그 및 PC통신을 통한 판매도 계획하고 있다.

주요 프로그램으로는 금,은 등 각종 보석류를 판매하는「보석컬렉션」, 운동과 여가에 관한 상품을 소개하는「레츠고 레포츠」, 주부를 대상으로 한 우수한 품질과 새로운 상품 소개 프로그램인「가전스페셜」, 주방용품과 주방인테리어 용품을 소개하는「주방도 개성시대」가 있다. 이밖에 남성용품 소개 프로그램인「아빠에게 선물하세요」가 있다.

● 하이쇼핑 (CH45)

하이쇼핑은 30-40대 주부를 대상으로 고객만족을 기본목표로 소비자가 신뢰성을 갖고 상품구매를 할 수 있도록 상품에 관한 다양한 정보를 제공한다. 특히 단순한 상품판매 방송이라기보다 쇼핑호스트의 상품과 관련한 해박한 정보와 재미있는 진행을 자랑한다.

주요 편성 프로그램으로는 1주일간 소개된 프로그램 중 가장 인기있는 상품을 선정 소개하는「금주의 베스트」가 있고, 일주일간 매일 다른 상품군별로 상품을 소개하는「쇼핑와이드」, 남성들만을 위한 상품을 판매하는「남자의 방」, 특별히 기획된 상품을 저렴하게 파는「찬스 알뜰상품」, 보석과 실용 액세서리를 판매하는「액세서리 쇼」가 있다.

바둑채널

● 바둑텔레비전 (CH 46)

바둑텔레비전은 20-40대 남성을 중심 대상으로 1천만 바둑 인구를 대상으로 바둑의 전문성을 극대화하고 바둑을 국민 생활문화로 정착시킴은 물론 한국 바둑의 국제화를 위해 바둑인들이 공동출자 하여 만든 채널이다.

　대표적인 프로그램으로는 바둑을 사랑하는 명사들을 초청하여 흥미로운 대국을 벌이는「명사초 청대국」, 각종 기전을 생방송하여 현장감과 생동감을 시청자에게 전달하고, 윤기현 7단과 여류 초단인 이정원씨의 해설과 진행으로 정규프로그램에서 소화할 수 없는 각종 대회 및 맞수 등의 바둑 드라마와 각종 이벤트를 소개한다. 한편「BTV바둑뉴스」는 국내외의 바둑계 소식을 시청자에게 신속하고 흥미롭게 전달한다,

공공채널

● 한국영상 (CH14)

　정부가 하는 모든 일을 국민에게 소상히 알려 국민의 국정 참여의 폭을 넓혀주는 채널이다. 주요 편성 프로그램으로는 그날의 주요 정부 시책을 분석보도하는「오늘의 국정」, 종합뉴스 프로그램인「KTV뉴스」, 정부의 각종 고지사항을 알려주는「CH14 공공정보」, 공청회 세미나 강연 학술대회 현장을 보여주는「세미나 중계실」, 대담을 통해 국정을 진단하는「K-TV 광장」등이 있다.

각 채널의 프로그램 편성은 개편에
따라 달라질 수도 있음. (96년 2월 기준)

제5장

당신의 자녀가
컴퓨터 해커는 아닙니까?

제5장
당신의 자녀가 컴퓨터 해커는 아닙니까?

1. 어린이들이 가장 갖고 싶어하는 선물, 컴퓨터

95년 어린이날을 맞이하여 한 어린이 학습지는 서울, 경기 지역의 어린이를 대상으로 '어린이날에 어떤 선물을 받고 싶은가'라는 설문조사를 했다. 조사결과는 흥미롭게도 1위가 컴퓨터로 나타났고, 2위가 가족여행, 3위가 게임기였다. 몇 년 전까지만 해도 똑 같은 질문을 했을 때 대부분의 남자 어린이들은 로보트, 여자 어린이는 인형을 꼽았었다. 하지만 지금은 컴퓨터와 게임기가 어린이들이 가장 좋아하는 선물이 되었다.

"컴퓨터 게임에만 정신을 잃을까봐 안 사주고 싶어도 다른 집 아이들보다 뒤처질 것이 두려워 안사줄 수도 없어요. 다들 만나면 주고받는 대화가 컴퓨터가 어떻고 어제 새로 산 게임기가 어떻다는 말인데 그중에 끼지 못하면 소외감을 느낀다고 그래요."

학부모들의 하소연도 만만치 않은 가운데 이제 시대는 유치원에서부터 컴퓨터를 알지 못하면 낙오당하는 뉴미디어 세상이 되었다. 어른들은 필요성을 인정해도 복잡한 과정을 새로 배우는 것이 귀찮아 컴퓨터를 멀리하고 있는 반면 어린이들은 뛰어난 응용력으로 컴퓨터를 장악해 가고 있다.

어린이들이 컴퓨터를 가장 갖고 싶은 물건으로 꼽을 정도로 쉽게 빠져드는 이유는 무엇보다도 재미있는 게임에 있다. 수를 헤아리기 어려울 정도로 다양한 게임 소프트웨어나, 우주공간에서 외계인과 싸우는 3차원 영상 게임팩은 어린이들의 흥미를 끌기에 충분하다. 그래서 한번 게임에 들어가면 빠져나올 줄 모르고 몰입되어, 학원에 가는 것도 밥을 먹는 것도 잊어버린다. 이제 어린이들에게 있어서 컴퓨터와 게임은 가장 재미있는 놀이 문화를 형성하고 있는 것이다.

지금의 성인들은 어렸을 적에 놀았던 많은 놀이에 대한 향수를 가지고 있다. "철수야 놀자!", "영희야 놀자!"로 시작되

최근 출시되고 있는 3차원 영상게임은 아이들을 게임이라는 환상의 세계로 끌어 들인다.

는 놀이는 동네 골목골목의 친구들을 불러 자치기, 말타기, 땅따먹기, 비석치기, 구슬치기, 딱지치기, 소꿉놀이, 무궁화꽃이 피었습니다 등을 하며 하루종일 지칠 때까지 밖에서 뛰어노는 놀이였다.

하지만 70년대 초부터 한동안 어린 아이들은 집안에서 장난감 놀이하는 것에 빠져있다가, 80년대 초부터는 전자오락에 정신을 빼앗겨 밥만 먹으면 없어지는 자녀들을 부모들이 동네 전자오락실에 가서 불러오는 것이 일이었다.

요즘에 어린이들은 집 밖으로 나가서 논다는 개념이 없다. 너도 나도 자기 책상 앞에 앉아, 혹은 텔레비전 앞에 앉아 온통 오락에 정신을 빼앗기고 있기 때문이다. 동네에서 놀 시간 따위는 없다. 학교가 끝나면 과외다, 학원이다 여러 군데를 전전하다 집에 돌아와선 텔레비전 앞에 앉고 그것이 끝나면 컴퓨터 앞에 앉아 게임에 몰입한다.

지나치게 컴퓨터 게임에 빠지게 되면 "나를 공격하는 모든 사람들은 무조건 파괴하거나 없애버려야 한다" 라는 이분법적인 사고방식을 은연중에 키우게 된다. 가상현실에 익숙하다 보면 현실적인 감각이 현저히 떨어지는 현상도 나타난다. 즉 어린이들의 심리적, 정서적 사회적 문제를 야기할 수도 있고, 아울러서 VDT 징후군 등 신체 발육의 부진과 질병까지도 가져올 수 있다는 점은 큰 문제이다.

컴퓨터 보급의 대중화가 어쩔수 없는 사회적인 현상인 것만은 사실이지만 전래놀이가 없어지고, 동네 아이들과 함께 놀던 어린시절의 추억을 지금의 아이들은 간직할 수 없고, 컴퓨터나 게임팩의 인공적인 화면만이 어린시절의 추억으로 남는다는 것은 성인들이 한번 심각하게 생각해 볼 문제가 아닐 수 없다.

2. 새로운 컴퓨터의 주인이 된 10대 청소년들

불과 몇 년 전까지만 해도 집에 286 XT급 컴퓨터와 흑백 화면 모니터가 있으면 많은 사람들의 부러움을 샀다. 지금처럼 컴퓨터의 용량과 처리속도, 어떤 소프트웨어를 갖고 있는가 라는 것은 중요치 않았다. 가장 기본적인 프로그램인 MS- DOS와 워드 프로세서만 있으면 됐고, 그런 컴퓨터를 소유한 사람은 시대를 가장 앞서가는 사람으로 평가 받았다.

하지만 컴퓨터의 발달 속도는 하루가 다르게 빨라만 갔다. 금방 286에서 386으로 올라서더니, 486을 넘어 지금은 586 펜티엄급 컴퓨터와 컬러 모니터가 대중화되고 있다. 이제 286급 컴퓨터는 거저 줘도 안 가져 가는 세상이 되었다.

통계에 의하면 현재 우리나라 컴퓨터 보급률은 전체 가구의 60% 정도라고 한다. 중산층 이상의 가정에선 컴퓨터 한

중산층이라면 집안에 컴퓨터 한 대 쯤은 가지고 있고,
그 주 사용자는 성인에서 10대 청소년으로 바뀌고 있다.

대쯤은 모두 가지고 있다는 뜻이다. 보유 기종은 IBM 486 급의 컴퓨터가 가장 많고, 다음이 386, 286 순이다. 그리고 컴퓨터 보유가구 중 반수 이상이 프린터, 스피커, 마우스 등 주변기기를 가지고 있고, 소수의 가정에서는 스캐너까지 가지고 있는 것으로 알려지고 있다.

그리고 최근의 변화는 이제 가정에서의 전문직종에 있는 사람이나, 부모 중 한 사람이 사무용으로 사용했던 컴퓨터가 가족 전체가 이용하는 홈PC로 변해가고 있다는 점이다. 컴퓨터 가격의 하락에 힘 입어 가족 모든 사람이 편하게 사용할 수 있도록 사무용과 교육용이 함께 혼합된 컴퓨터가 보급되기 시작했다. 최근에 판매되고 있는 가정용 PC의 기능들을 살펴보면 TV 수신, 비디오CD, 노래방, 팩스, 전화, 자동응답, 무선호출 등 멀티미디어 기능을 갖추고 있다. 특히 마우스와 자판이 불편하다고 하여 리모콘 기능이 추가된 컴퓨터들은 마치 가전제품처럼 우리 곁에 친숙하게 다가와 있다.

최근 각종 컴퓨터 관련 통계를 살펴보면 이전의 컴퓨터 주 사용자는 30대 이상이었지만 최근에는 차츰 20대에서 10대로 연령층이 내려오고 있는 추세임을 알 수 있다. 이제 각 가정에서의 컴퓨터 주인은 30대 이상 전문 직장인이 아니라 20대의 대학생이나 10대 청소년으로 차츰 변하고 있다는 것이다. 이를 뒷받침이라도 하듯 중고등학생이 있는 가정에서 컴퓨터가 놓아지는 위치는 중고등학생의 공부방이다.

또한 89년부터는 10대 이하 중에서도 미취학 아동들을 위한 컴퓨터 시장이 뜨겁게 달구어졌다. 약 2백50만명으로 추산되는 유아들 중 3세에서 7세 이하의 미취학 아동들이 사용할 수 있는 컴퓨터를 회사들이 시판하기 시작한 것이다. 대우통신의 〔코보〕와 삼성전자의 〔피코〕, LG전자의 〔유아용 CD-I〕가 바로 그것이다.

이들 유아용 컴퓨터는 미래의 고객을 선점한다는 의도를 바탕으로 유아들의 수준에 맞게 게임요소를 가미하거나, 만화기법을 사용한다. 또한 전자펜으로 그림내용을 건드리면 동화속의 주인공이 움직이거나, 동물의 울음소리 등을 보여주는 등 다양한 기법을 사용하여 유아들의 흥미를 자극시키고 있다.

이러한 컴퓨터 보급의 대중화 속에서 한 가지 생각해 볼 점은 과연 각 가정에서 컴퓨터를 제대로 사용하고 있느냐이다. 새로운 컴퓨터 주인으로 등장한 10대 20대의 사람들은 정보, 교육용이기 보다는 오락용으로 더 많은 시간을 보내고 있다. 이런 문제점이 발생하는 데에는 애초부터 컴퓨터 구입시 뚜렷한 목적 의식없이 유행에 따라 컴퓨터를 구입했기 때문으로 분석된다.

3. 세살 된 내 아이, 정말 컴퓨터가
필요할까?

각 가정에서 부모들이 컴퓨터를 구입하는 이유 중에 대표적인 것이 바로 어린이들이 사 달라고 졸랐기 때문이다. 유치원에 다니는 자녀를 둔 김혜영씨의 컴퓨터 구입도 마찬가지이다.

"하루는 아이가 아파트 아랫층의 친구집을 놀러갔는데 한참이 지나도 오지를 않더라고요. 그래서 찾아가 보았더니 그집 아이와 컴퓨터 게임을 하고 있었어요. 아주 신나게 하고 있는데 제가 보기에는 초보실력이 아니더라고요. 여러번 유치원이 끝난 다음에 와선 친구와 함께 컴퓨터 오락을 한 것 같았습니다. 그 이후부터 컴퓨터를 사 달라고 조르는 통에 할 수 없이 사 주고 말았습니다. 그것도 150만원 정도의 거금을 들여서 말입니다."

그러나 자진해서 부모들이 구입을 한 경우도 많다. 초등학교 4학년에 다니는 아들을 둔 김진수씨(강서구 화곡동)의 말이다.

"신문, 방송 할 것 없이 모두 당장 컴퓨터를 사지 않으면 큰일나는 것처럼 떠들더군요. 어려운 말로 정보화 사회에 뒤진다는 것이죠. 사실 우리는 컴퓨터가 뭔지도 모르는 무식한 세대였기에 지금 회사에서 얼마나 고생을 하는지 모릅니다. 우리 아이가 성인이 된 세상에선 컴퓨터를 모르면 퇴보될 것이고 아이의 장래를 위해서는 지금부터 꼭 사 줘야겠다고 생각하게 되었습니다."

자신만 그런 것이 아니라 대부분의 회사 동료들이 비슷한 생각을 하면서 함께 컴퓨터를 구입했다고 말한다.

대부분의 가정에서 컴퓨터의 구입은 바로 이렇게 교육용이거나 컴퓨터 조기교육의 일환으로 이루어진다. 컴퓨터의 가격이 많이 내렸다고는 하지만 웬만한 컴퓨터 한 대 값이 최소한 1백만원 이상임을 감안한다면 결코 적은 금액이 아님에도 말이다.

평일에도 그렇지만 특히 방학 때가 되면 용산 전자상가는 컴퓨터를 구입하려는 자녀의 손을 붙잡고 부모들이 쇼핑나온 모습과 청소년들이 게임팩을 사기 위해 떼거리로 몰려다니는 모습을 어렵지 않게 볼 수 있다.

이렇게 아무런 생각없이 컴퓨터를 구입하는 가정을 살펴보면 보통 부모가 컴맹인 경우가 많다. 왜 컴퓨터가 필요한지, 우리의 가정에는 어느 정도 수준의 컴퓨터가 필요한지 전혀 알지 못한 채 단순히 비싼 것이 좋은 것이다라는 말만 듣고 직원의 권유에 따라 컴퓨터를 구입한다. 경제적으로도 큰 낭비가 아닐 수 없다. 구입 후에도 사용 방법을 제대로 알지 못하므로 게임 외에는 전혀 활용을 하지 못한다.

특히 게임 중에서도 건전한 게임을 즐기면 나름대로 괜찮다고 볼 수도 있지만 많은 청소년들은 폭력, 음란한 게임을 즐기고 있고, 심지어는 정품이 아닌 불법 복제품을 친구들과 함께 용산 근처에서 구입하여 즐긴다. PC통신도 마찬가지이다. PC통신의 다양한 정보의 검색이라든가 같은 또래의 건전한 대화방 이용이 아닌 음란한 말을 올려놓는다거나, 상대방이 건방지다고 욕설을 올려놓는 것은 문제가 아닐 수 없다.

일단 컴퓨터를 구입할 때는 왜 컴퓨터를 구입하는지 목적을 생각해 보고 그에 알맞는 컴퓨터의 용량과 처리속도에 따른 기종을 선택한다. 특히 구입할 때 주의할 점은 다양한 소프트웨어를 살펴 보는 것이다. 교육용으로 구입할 경우는 교육용 CD-ROM이라든가 교육용 게임 등을 살펴 보는 것이 중요하다.

현재 시중에 나와 있는 교육용 소프트웨어의 경우는 매달 20여종이 시판되고 있어 정확한 숫자는 추산될 수 없지만 모두 합해 약 1천5백여종에 이르고 있는 것으로 알려지고 있다. 보통 CD-ROM 타이틀 소프트웨어로 나와 있는 이들 교육용 소프트웨어는 삼성전자, 웅진미디어, 세광, 솔빛조선미디어, 대교 컴퓨터, 계몽사 등이 개발하고 있다.

교육용 CD-ROM의 종류는 말하기, 한글놀이, 알파벳 블럭 등 유아용 소프트웨어에서 다양한 영어회화와 단어 문법을 배우는 소프트웨어와 초등학교와 중학생용 학년과 학과별 소프트웨어가 있다. 또한 학교교육 보조 소프트웨어로서 교육과 게임을 적절히 혼합하여 만들었기 때문에 아이들이 싫증나지 않고 배울 수 있게 했다. 가격대는 1만원~4만원까지 있다.

교육용 CD-ROM 구입시 주의할 점은 우선 한번 상가에서 시연을 해 보고 구입하는 것이 가장 좋은 방법이다. 멀티미디어 기능이 포함되어 있는지, 제대로 작동이 되고 있는지, 백과사전식으로 단순히 정보의 나열만 되어 있는 것이 아닌지, 시대별, 시간대별로 손쉽게 검색할 수 있는 하이퍼 텍스트 기능이 있는지, 타이틀 뒷면에 정보량과 구체적인 기능들이 표시되어 있는지를 알아야 한다. 무조건 비싸고 많이 팔린다고 좋은 것이 아니라 우리 아이의 수준에 맞게 구입을 하고 먼저 사용해 본 사람들의 자문을 얻는 것도 큰 도움이 된다.

4. 컴맹 엄마가 해커 자녀를 만든다

더 큰 문제는 바로 컴퓨터를 사준 후의 무관심이다. 1백만 원이라는 거금을 들여 사 주었다는 흐뭇함에 젖어 일단 사 주었으니 내 책임을 다했다라는 생각을 가지고 있다면 커다란 오산이다. 컴퓨터는 오히려 구입한 후가 더욱 문제이다. 컴퓨터를 통해 들어오는 각종 음란 정보를 막고, 아이들의 건전한 컴퓨터 이용에 대해 길잡이 노릇을 해야 한다.

이를 위해서 일단 부모들은 컴퓨터에 대해서 많이 알아야 한다. 시간을 내서 학원이라든가 사회복지센터에서 컴퓨터 교육을 받아야 한다. 배우기 어렵고, 귀찮다고 해서 컴퓨터 교육을 기피하는 것은 바람직하지 못하다.

사실 컴퓨터를 제대로 익힐려면 많은 시간이 필요하다. 자판에 익숙하기에도 몇 달이 걸리고, 다양한 소프트웨어의 기능들을 능숙하게 다룰려면 몇 달은 더 걸린다. 물론 최근에는 쉬운 소프트웨어인 '윈도우 95'가 개발되어 시판에 들어갔다고 하지만 아직 대중화하기에는 시일이 필요하다.

부모들이 컴퓨터를 익히기 어렵듯이 아이들도 처음에 컴퓨터를 익히기에 많은 어려움이 따른다. 물론 학원에 다니면서 서서히 알겠지만 만약 집에서 모르는 문제가 발생했을 때 부모들이 이를 잘 지도해야 한다.

현재 우리나라에 대중화되어 있는 IBM 컴퓨터의 경우는 모든 소프트웨어를 실행할려면 다양한 명령어 등을 직접 입력하는 방식을 채택하고 있어 일단 다양한 명령어를 익혀야 하므로 글자 한 자, 띄어쓰기 한 번을 잘못해도 실행이 안되는 경우가 많다. 이럴 때 부모는 직접 자신이 컴퓨터를 실행시킬 수 있는 정도의 지식을 습득해야 한다.

특히 컴퓨터 교육은 학원에서처럼 많은 수강생들을 한꺼번에 가르치는 방법이 아닌 1대 1 교육이 가장 바람직스럽다는 점을 항상 새겨둘 필요가 있다. 만약 아이들이 컴퓨터에 관해서 질문을 했을때 제대로 답을 하지 못하면 아이들에게 소외당하는 경우가 있어 그 필요성이 더욱 절실하다. 중학교 2학년과 초등학교 5학년의 두 아들을 두고 있는 임희순씨의 경우가 바로 이런 경우이다.

"하도 TV나 신문에서 떠들어대서 우리 아이들도 뒤질수 없다라는 판단아래 2백만원 정도를 주고 컴퓨터를 구입했습니다. 처음 며칠간 아이들은 컴퓨터에서 무엇을 하는지 때로는 낄낄 웃기도 하고 쑥덕거리면서 잘 가지고 놀더라고요. 이를 보고 처음에는 흐뭇했습니다. 하지만 아이들이 오락에 질리면서 다른 분야에도 관심을 갖게 되었고 그때부터 모르는

게 있으면 저한데 물어오는데 저는 컴맹이었습니다. 잘 모르겠다고 대답하니 엄마는 그것도 모르냐면서 이후부터는 아예 저를 무시하는 것이었습니다."

컴퓨터를 잘 알고있는 아빠가 일찍 퇴근해서 들어오기라도 하면 아빠와 아이들이 한 방에 모여 앉아 서로 컴퓨터를 두고 대화를 나누는데 자신만 소외당하는 것 같아 더욱 기분이 울적하다는 그의 말이다.

단순히 소외만 당한다면 괜찮은데 자신의 자녀들이 밤을 새워 컴퓨터로 공부를 하는 것이 아니라 프로그램 해킹을 해서 어느날 갑자기 경찰에 구속당하는 일이 벌어졌을 때 컴퓨터를 사준 것은 자녀에게 흉기를 안겨준 것과 다름이 없게 되어 버리는 결과가 된다.

실제 컴퓨터 해커의 많은 수가 중고등학생들이다. 또 각종 음란물을 통신상에 띄워놓고 이를 판매해서 용돈을 벌어쓰는 이들의 대다수가 중고등학생들이다. 때론 초등학교 학생들도 이런 행위를 해서 어른들의 기를 질리게 한다. 컴퓨터를 아는 엄마 밑에서는 최소한 범죄 행위만큼은 방지할 수 있을 것이다.

이럴 경우 주부들은 컴퓨터를 배우는 것이 어렵더라도 참고 배워 컴맹 엄마를 탈출하는 수 밖에 다른 도리가 없다. 그리고 컴퓨터 프로그램 중에 있는 일기 쓰기, 가계부 쓰기 등 실생활에 적용되는 소프트웨어를 이용하는 모습을 자녀들에게 보여 주어야 한다.

5. 주부들이 손쉽게 컴퓨터와
사귀는 방법, PC통신

어린이들이 컴퓨터와 친해지기 위해 가장 손쉬운 방법이 컴퓨터 게임을 즐기는 것이다. 마찬가지로 가정주부들이 가장 손쉽고, 재미있게 컴퓨터와 사귀는 방법 중 하나가 바로 PC통신을 사용하는 것이다.

우선 컴퓨터통신은 컴퓨터에 대한 기초지식만으로 가능하다는 장점이 있다. 자판이 익숙한 주부라면 보통 하루면 배울 수 있다. 또한 PC통신은 얼굴이 드러나지 않는다는 일종의 익명성 때문에 다양한 사람들과 자유롭고, 솔직하게 의사를 교환할 수 있다는 장점이 있다.

이러한 장점을 살려 현재 통신회사인 하이텔, 천리안 등에는 주부들을 위한 대화방이 개설되어 있다. 대표적인 몇 가지를 살펴보면 한국 PC통신에서 제공하는 하이텔의 경우 〔부부사랑동호회〕가 있다. 이 동호회에서는 건강, 미용, 다이어트, 고부갈등, 부부문제 등 일상 생활에서 주부들이 느끼는 모든 문제점들을 허심탄회하게 의견을 나눌 수 있는 〔주부마

당]이 있고, 육아 및 자녀교육 체험을 함께 나누는 [자녀와 함께], 반짝이는 생활의 아이디어를 제공하는 [알뜰주부 슬기방] 등이 있고, 이밖에도 [식도락 동호회], [문학 동호회], [사회봉사 및 취미 동호회]가 개설되어 있다.

데이콤에서 제공하는 천리안은 각종 생활정보를 교환하는 [주부 동호회], 남녀간의 올바른 정보를 얻을 수 있는 [여성학 동호회], 에어로빅과 건강생식에 대한 정보를 제공하는 [에어로빅 동호회], 전통차에 대한 정보를 제공하는 [전통차 동호회], 전국 각지의 맛있는 음식점을 소개하는 [식도락 동호회]가 있다.

한편 나우콤에서는 의상, 향수, 액세서리, 화장법, 헤어스타일, 인테리어, 레저 등 아름다움 생활을 꾸미고 싶은 여성들을 위해 [패션-디자인 포럼]이 개설되어 있다. 이들 게시판들은 특별히 가입비나 회비를 받지 않는 동호회가 대부분이지만 약간의 활동비를 받는 동호회도 있다.

이밖에 PC통신으로 주부들이 얻을 수 있는 중요한 정보 한가지를 더 소개하면 놀이방, 어린이집 현황, 보육단체 등 육아에 관한 각종 보육 정보들이다. 천리안·하이텔을 통해 [어린이 집/놀이방 정보]이라는 이름으로 제공되는 이들 정보들은 보육시설정보, 보육행정과 단체, 신문기사와 참고문헌 자료실, 게시판 등 4개의 메뉴로 구성되어 있다.

보육시설 정보에는 전국의 어린이집과 놀이방의 위치와 교사수, 보육료와 시설, 연락처 등이 있고, 어린이집 놀이방 선택 코너에서는 놀이방을 선택할 때의 주의점이 자세하게 소개되어 있다. 또한 보육행정과 단체 코너에서는 육아관련 놀잇감, 서점, 도서관, 비디오, 나들이 갈 곳에 대한 정보가 소개되고 있고, 인형극단 등 관련단체들에 대한 정보가 있다. 신문기사 참고문헌 자료실에서는 신문에 보도된 육아관련 기사들과 최신 행정법규 사업자료들이 소개되어 있고, 게시판 코너에서는 수시로 개최되는 육아관련행사 및 교육, 구인구직, 자원봉사자 모집안내, 지역사회탁아소 연합회 안내 등의 정보가 있다.

특히 게시판 코너에서는 '물어보고 싶어요'라는 대화방이 개설되어 육아와 관련된 궁금한 사항을 육아 전문가와 상담을 할 수 있고, 육아토론실에서는 이용자들간에 육아법에 관해서 토론을 벌일 수도 있다. 또한 아이들의 대화를 기록해 놓은 재미난 이야기에서는 아이들의 동심을 엿 볼 수도 있다. 이러한 각종 육아 정보들은 지역사회탁아소연합회 부설 한국보육정보연구소에서 제공하고, 접속할 수 있는 방법은 하이텔의 경우는 초기화면에서 〔GO BEBO〕를 입력하면 되고, 천리안에서는 메뉴화면에서 〔GO BABY〕를 입력하면 된다.

6. 모두 때려 죽여야만이 승자가 되는
게임의 세계

컴퓨터가 갖고 있는 수 많은 기능 중에 한 가지가 바로 오락이다. 사실 건전한 게임은 그리 나쁜 것만은 아니다. 아이들에게 게임은 어렵게만 느껴지는 컴퓨터를 친숙하게 만들어주고, 컴퓨터의 사용법과 자판 사용법을 자연스럽게 익혀준다. 또한 스스로 환경을 통제할 수 있고 자신감을 갖게 해준다. 일부 교육용 오락 프로그램은 상상력과 창의력, 사고력을 키워준다.

즉 게임 중에서 탐험을 주제로 한 경우는 직감적이고, 지각발달을 가져다 준다. 또한 인간의 상상력을 자극시켜 주는 등 게임의 규칙이나 상황에 따라 얼마든지 변형이 가능하여 창의력을 줄 수 있다. 이밖에도 게임은 능동적인 의사결정의 기회를 제공하여 사고력, 직관력, 통찰력을 키우는 등 결론적으로 아이들의 인지능력과 창의력을 키워 준다.

다만 문제는 건전한 오락이 아닌 폭력, 선정적인 게임에 있다. 이상하게 어린이들도 건전한 게임보다는 좀더 폭력적이고, 자극적이며 선정적인 오락에 흥미를 느끼고 빠져버린다. 다음은 95년에 청소년들에게 인기를 끌었던 한 폭력 게임의 화면 모습이다.

"시체로 가득찬 방, 화면 아래 불쑥 나온 총구는 마치 자신이 직접 총을 들고 쏘는 느낌이다. 총구에서 총을 발사하는 순간 사람의 몸은 찢겨지고 피가 흘러나온다. 공격을 받은 화면의 사람은 참혹한 비명을 지르고 피를 튀기면서 죽어간다.”

“차 사고를 낸 가해자에게 수면제를 탄 차를 마시라고 권유한 후 정신을 잃은 틈을 타서 누드 사진을 찍고 이를 이용하여 주부에게 협박을 한다. 돈을 요구하고 차용증서를 끊게 하고, 또 이를 이용하여 주부의 딸을 협박하여 성 관계를 갖는 등 모든 것이 성 관계로 이어진다. 계속되는 성 관계가 20여회에 이르고 여성의 나체장면이 수시로 나온다.”

마치 잔인한 공포 영화에서 나오는 장면과 포르노 영화에 나오는 장면들처럼 보인다. 아니 그러한 장면들과 다를 바가 없다. 전자가 바로 ‘둠II’ 이고, 후자가 일본산 게임인 ‘애자매’의 내용이다.

두 게임 모두 공통된 점은 국내 심의에는 통과되지 않은 불법물이지만 얼마든지 손쉽게 구입할 수 있다는 점과, 청소년들에게 많은 인기를 끌었던 소프트웨어들이라는 점이다. 둠II의 경우는 피가 튀는 장면, 처철한 비명소리, 널부러져있는 시체의 모습 등 차마 눈 뜨고 볼 수 없는 충격적인 장면들로 구성된다. 우리 사회의 폭력수치가 한계 상황에 도달하고 있음을 알 수 있는 대목이다.

특히 둠II는 1인칭 시점과 움직임에 따라 화면이 가까워지고, 멀어지는 등 마치 청소년들이 게임을 할 때 직접 자신이 총을 쏘는 것처럼 느낄 수가 있다. 또 잔인한 장면으로는 총을 쏘았을 경우 몸에서 터진 내장의 모습과, 가슴뼈가 벌어진 채 피가 홍건히 괴어 있는 장면, 쇠 꼬챙이에 꽂혀있는 사람의 목에 총을 쏘는 장면 등 눈을 뜨고 볼 수 없는 장면들로 구성되어 있다.

애자매의 경우는 말이 게임이지 포르노 만화 비디오와 같은 수준이다. 게임은 뒷전이고 모두 성 관계와 여자의 나체사진의 연속으로 이어져 있다. 뿐만이 아니다. 청소년들 사이에 불법 유통되고 있는 선정적인 게임인 '블랙시티' '동급생II', '노무라의 병원' 등 대부분 약속이나 한 듯이 여자의 나체 모습이 등장하고, 계속되는 성 관계로 이어진다. 그것도 비정상적이며 말도 안되는 이유를 들어 성을 보여주기 위한 장면이 계속된다. 동성애 장면, 변태를 암시하는 장면, 고등학교 내에서의 정사장면, 성추행 등 나쁘다는 것은 모두 총망라했다.

특히 선정적인 게임 소프트는 청소년들의 눈에 익숙한 일본 만화의 모습과 유사하여 우리의 청소년들은 거부감 없이 쉽게 받아들이고 있다. 손가락 하나만 누르면 여자의 나체가 나오고, 손가락 하나만 누르면 성 관계가 이루어지는 등 대리만족을 충분히 느낀다.

특히 여기서 한가지 더 생각해 볼 점은 성인들의 게임에 대해 가지고 있는 고정관념이다. 게임이라면 으레히 치고, 박고, 찌르고, 때리는 폭력적인 것인 줄 안다. 우리의 청소년들은 입시 지옥에 대한 탈출구가 없기에 게임에서라도 스트레스를 마음껏 풀 수 있다는 생각에 아무런 꺼리낌없이 폭력 게임을 즐기고 있는 것이다.

과연 그들이 이 사회에 나와서 어떤 행동을 할 것인가. 사회생활이 화가 난다고, 짜증이 난나고, 자신이 원하는 일이 잘 안된다고, 주차 때문에 사소한 시비가 일어났을 때 법이나 대화보다는 아마도 폭력적인 방법을 택할 것이다. 자신도 모르게 말이다. 그들의 무의식 중에는 바로 대화나, 법보다는 폭력만이 유일한 해결책이라고 세뇌되어 왔기 때문이다. 청소년 학원폭력이 최근 사회의 심각한 문제가 되고, 성폭력 사건이 매년 꾸준히 증가한다는 점은 이러한 폭력 선정적인 게임과 결코 무관하지 않을 것이다.

7. 또 하나의 컴퓨터 '홍등가' PC통신

95년 9월에 서울 강남의 모 중학교에서 일어난 일이다. 2학년생인 H군이 PC통신으로 받은 음란물을 학교로 가지고 와 친구들과 돌려보다가 선생님에게 적발이 되어 꾸중을 듣자 투신자살을 했다. 그 중학생은 선생님에게 얼마나 꾸중을 들었길래 자살까지 생각했을까라는 안타까운 생각이 들었지만 그 전에 생각해 볼 점은 PC통신을 통하여 중학생이 어떻게 음란물을 받아 볼 수 있는가이다.

사실 그것은 그렇게 어렵지 않다. 일단 PC통신에 가입을 하고 인터넷이라는 국제 통신망에 들어가면 된다. 그 속에 들어가면 미국의 대표적인 외설잡지인 플레이보이(Playboy), 팬트하우스(Panthouse), 허슬러(Huslter) 등을 자유롭게 볼 수 있고 얼마든지 미녀들의 나체사진을 자신의 컴퓨터로 받아볼 수 있다.

또 한가지 중고등학생들이 PC통신을 통해서 음란물을 구입할 수 있는 방법은 바로 PC통신 판매이다. PC통신 판매란이나, 사설 게시판에 들어가면 성인용 CD-ROM을 판매한다는 난을 쉽게 찾을 수 있다. 판매 방법은 간단하다. 해당 지로번호에 약 3~4만원하는 대금을 우송하면 보내준다. 얼굴과 신분이 노출 안된다는 점에서 많은 청소년들이 이러한 PC통신 판매를 통하여 음란물을 구입하고 있고, 그 부작용으로 95년 6월에는 한 고교생이 사설게시판에 음란 프로그램을 판매한다는 광고를 낸 뒤 이를 보고 찾아온 구매자에게 대금만 받고 물품을 주지 않아 경찰에 구속되기도 했다.

과거에 중고등학생들이 가지고 다니는 음란물은 만화나 도색잡지였지만 요즘은 컴퓨터를 통해 음란물을 보거나, 직접 구입을 한다는 점에 어른들의 염려가 있다.

이러한 컴퓨터의 역기능에 대해 많은 사람들이 컴퓨터통신이 홍등가로 변해가고 있다고 한탄하기도 한다. 물론 성인들도 마찬가지이다. 처음에 컴퓨터를 구입하고, PC통신에 가입하면 으례 한번씩 들어가 보는 곳이 바로 성인용방이다. 인터넷도 마찬가지이다. 인터넷에 가입을 하면 외국 외설 게시판을 들어가 보는 것이 통과의례처럼 되어 있다.

가정에서 PC통신에 가입을 하거나, 인터넷에 가입을 했을 경우 자녀들의 PC통신 사용에 대한 주의가 필요하다. 평소보다 많은 전화사용료가 청구되어 나온다면 한번쯤은 의심을 해 볼 필요가 있다. 특히 PC통신은 키보드 하나만 누르면 다른 작업으로의 전환이 가능하기 때문에 음란물을 보고 있는 장면을 단속하기란 쉽지 않다. 따라서 사전에 미리 예방책이 무엇보다 필요하고, 그 실현방법으로 성인들이 먼저 올바른 PC통신을 이용하는 모범을 보여야 한다.

8. 엄마, 머리가 아프고 구역질이 나요

한국청소년문화연구소에서 조사한 바에 의하면 우리나라 청소년들의 경우는 하루 평균 76분, 즉 1시간 16분을 컴퓨터 게임에 허비하고 있는 것으로 나타났다. 하루평균 TV 시청량이 2~3시간인 점을 감안한다면 무척 많은 시간이다.

아직은 확인되지 않았지만 게임을 오래하면 건강에 치명적인 해를 미친다는 점이 어느새 정설로 자리잡고 있다. 오랜 TV 시청에 따른 부작용도 문제가 되고 있지만 게임의 경우는 더 많은 문제를 야기한다. 게임에 한번 빠져본 사람들이라면 이 말이 쉽게 이해가 된다.

컴퓨터를 사고 처음 몇 달간은 컴퓨터에 빠져서 헤어나지 못한다. 담배나 알콜 중독자가 하루라도 담배를 못피우거나, 술을 못 마시면 못견디는 것과 마찬가지이다. 그래서 어떨 때는 밤을 새워서 게임을 하기도 한다. 이렇게 하고 나서 아침이 되면 눈과 어깨, 목이 뻐근하고, 눈이 충혈됨은 물론 심한 경우는 구역질까지 난다. 그때가 되서는 내가 왜 했나 후회하지만 이미 때는 늦은 시간이다. 오늘밤에는 다시 하지 말아야지 하면서도 한 게임만 더, 한 게임만 더 하면서 밤새 시간은 흘러간다.

특히 앞으로 대중화가 예상되는, 헬멧을 쓰고 가상현실 속에서 게임을 즐길 경우 영국의 보건 전문가들은 10분이상 사용할 때는 눈이 침침하거나 구토 등을 유발할 수 있다고 경고하고 있다. 즉 헬멧을 쓰면 일단 외부의 빛이 차단되고 좁은 화면에 시선을 집중해야 하기 때문에 시간이 지나면 눈이 침침해지고, 현기증을 일으킬 수 있으며 장시간 사용할 때는 구토현상을 일으킬 수 있다는 지적이다. 따라서 4분간 게임을 하면 꼭 게임을 중지하고 헬멧을 벗어야 한다고 충고하고 있다.

　이러한 컴퓨터 게임의 중독 증세는 어린이들에게 심각하게 나타난다. 아이들이 일단 한번 게임에 빠지면 그 어떤 외부의 참견을 거부한다. 밥을 먹으라고 해도 들리지 않고, 손님이 와도 개의치 않는다. 오로지 게임에 몰두하면 세상 모든 것은 차단이 되고 게임 속에 몰입한다. 그 때는 인간의 뇌에 있는 수 많은 세포 중에서 오직 하나 게임 세포만이 기하급수적으로 성장할 뿐이다.

　아직 임상병리학적으로 확인되지 않은 사실이지만 우리나라에서는 비디오 게임이 간질병을 유발할 수 있다는 발표가 있어 논란이 되었다. 물론 이같은 사실은 이미 외국에서 수차

| 폴 스테이지 | 요시미츠 스테이지 | 미셸 스테이지 |
| 레이 스테이지 | 준 스테이지 | 잭2 스테이지 |

오락에 대한 긍정적인 면을 무시할 수 없지만 폭력 일색의 오락은
자녀들에게 해만 줄 뿐이다.

례에 걸쳐 주장을 거듭했던 문제이다.

또한 게임은 이미 일정한 규칙과 목표와 과제로만 움직이기 때문에 자율적인 요소가 결여되어 창의력을 키우는 데 한계가 있고, 현재 유통되는 대부분의 게임 소프트가 눈과 손에 의한 감각적인 작업의 연속에 지나지 않고 있어 결론적으로 동물적인 감각만을 키운다고 할 수 있다.

특히 폭력적인 게임을 오래 한다면 인간 생명의 경시사상이 주입될 수 있고, 폭력에 대해서 무감각해질 뿐만이 아니라 공격성향이 높아진다. 또한 혼자서 게임을 즐기기 때문에 사회성 발달을 저해하는 요인으로 작용한다.

따라서 무엇보다도 아이들의 게임소프트를 구입할 때는 부모들이 직접 골라주어야 한다. 현재 유통되고 있는 게임기는 대부분이 미국과 일본의 소프트웨어이고 최근에 값이 싼 대만산 소프트웨어가 유통되고 있다. 물론 삼성과 LG 등 국내 회사들도 게임 소프트웨어를 생산하고 있지만 정작 유통되는 것은 미국과 일본산이 대부분이다.

가격은 대부분 3만원대로서 현재 청소년들이 구입하기에는 벅찬 금액이다. 따라서 이 정도의 금액을 마련하려면 부모에게 돈을 타 내는 수 밖에 없는데 이 단계에서 대부분의 부모들이 관심이 없는 것으로 나타나고 있다. 조르니간 돈만 주고 자녀들이 무엇을 구입했는지는 별 관심이 없다. 직접 아이들의 손을 잡고 게임소프트를 골라주는 길만이 최소한도로 위험을 방지하는 방법이다. 아이들이 직접 구입할 경우 대부분 자신의 수준보다 높거나, 폭력 선정적인 게임을 구입하고 불법유통되는 소프트웨어를 구입하는 경우가 많다.

부모가 고를 때는 일단 게임의 내용이 무엇인지, 소재는 무엇인지를 구별하고 정품인지, 심의를 받은 것인지 아닌 것인지 구별하는 등 여러가지 따져 보고 구입해야 한다.

물론 어떤 게임을 구입할 것인가를 결정하기 위해서는 사전에 정보가 필요하다. 외국의 경우는 게임별로 등급이 매겨져 있어 구입에 많은 도움이 되는데 우리의 실정은 미흡한 수준이다. 가끔 신문을 비롯한 대중매체에 신제품이 소개되고는 있지만 표피적인 소개에 머무르고 있어 큰 도움은 되지 못한다. 따라서 이래저래 부모가 직접 게임을 골라주는 길 밖에 현재로서는 뾰족한 방법이 없는 실정이다.

9. '안냐세요', '어솨요' …낯설은 채팅 랭귀지

PC통신은 일종의 게시판이라고 할 수 있다. 즉 사용자가 알리고 싶은 사항이 있으면 바로 PC통신에 올려 가입자 모두가 볼 수 있게 하는 기능이다.

이제 PC통신은 단순한 게시판 기능에서 벗어나 많은 서비스가 추가되고 있다. 자신이 작성한 파일을 전송할 수도 있고, 자신의 사서함을 운영할 수도 있다. 전자회의가 가능하고, PC에 저장해 있는 각종 데이터를 조회해 볼 수도 있다. 이밖에 게임과 홈쇼핑, 홈뱅킹도 가능하다.

특히 최근에는 인터넷이라는 국가간을 연결한 PC통신망이 형성이 되어 자유자재로 세계의 약 5천만명에 이르는 PC통신자들과 대화를 나눌 수 있다. 한마디로 PC통신만 자유자재로 이용할수 있는 사람이라면 바로 그 사람은 세계화된 사람이라고 할 수 있다.

따라서 PC통신은 PC에서 없어서는 안될 중요한 기능으로 부각되고 있다. 만약 청소년들에게 인터넷 이용을 가르쳐주고 세계의 수 많은 이용자들과 대화를 시도하고, 잘 소통만 된다면 그 어떤 공부보다도 훌륭한 세계화 교육이 될 것이다. 하지만 아직 인터넷은 말로만 떠들지 어른들도 제대로 사용하는 방법을 모르는 경우가 대부분이다. 대신 청소년들에게 가장 인기를 끄는 PC통신 서비스가 바로 대화방이다. 최근에는 이 대화방에 들어가서 대화를 하지 못하면 신세대의 요건에 끼지 못한다고 하여 너도나도 그 사용법을 배우고 있다.

사실 한번 대화방을 이용해 본 사람들은 어른이나 청소년 할 것 없이 그 재미가 솔솔함을 느낀다. 일단 얼굴도 성도 모르는 낯선 사람과 대화를 한다는 것 자체가 흥미로운 일이지만 자신의 신분도 노출이 안된 상태에서 상대방에 따라 얼마든지 변신이 가능하기 때문이다. 나이와 성을 속일 수도 있고, 직업, 취미 등을 변조하는 것은 얼마든지 가능하기 때문이다.

따라서 대화방에 올라온 사람들은 거의 대부분 10대에서 20대 초반으로 행세를 하고 30대 이상의 이용자들은 일부러 나이를 낮추어서 10대들과 대화를 나누기를 원한다. 하지만 이들 대화방을 이용하는 청소년들은 자신만의 독특한 문화를 컴퓨터라는 가상 공간 안에서 형성하고 있다. 대표적인 모습이 바로 PC 통신에서 청소년들이 사용하고 있는 언어들이다.

■ 발음대로 적는 것

미노 완냐	민호 왔냐
왜 부자바	왜 붙잡아
안냐세요	안녕하세요
이거 미치겐네	이거 미치겠네

■ 축약형

어솨요	어서 와요
전	저는
낼	내일
갈쳐주세요	가르쳐주세요
모름 관두고	모르면 그만 두고

잼 없군요   재미 없군요
안농   안녕

■ **생략형**
안농
여기 중3
여기 고 1방
섭하군
나두 서울

일상어를 그대로 발음나는 대로 적는다거나 축약형이나 생략형을 쓰는 등 통신상의 언어가 생겨났다. 이러한 청소년들의 말투들은 마치 아이들이 어리광을 피우는 것과 같은 귀염성이 있다. 비록 맞춤법과 문법의 틀에서 벗어난 자유분방한 말이지만 그들만의 정서가 그대로 담겨 있다. 특히 이들 대화방에는 특별히 격식을 차리지 않아도 된다는 점에서 새로운 세대의 문화적인 감수성을 느낄 수 있다.

또 대화방은 쌍방향으로 진행되기 때문에 능동적으로 자신의 개성을 맞추어 나갈 수 있고, 사고의 다양성과 의사표현의 다양성을 배울 수 있는 기회가 된다. 하지만 문제는 그러한 대화방에서 상대방이 마음에 안든다고 욕설을 올려놓거나 음담패설 등 성적인 글을 올려놓는 등 말의 폭력을 자행한다는 데에 있다.

올해 초 PC통신에 가입한 직장인 이수근(32세)씨는 대화방에 들어갔다가 혼이난 경험을 다음과 같이 털어놓는다.

"대화방에 들어갔는데 처음부터 나이를 묻더라고요. 그래서 32살이라고 했더니 나이가 너무 많다고 하여 아무도 대화를 할려고 하지 않았습니다. 그래도 한번 대화를 해 볼까 재차 시도를 했지만 이상한 말을 사용하여 무시하더라고요. 그래서 이제는 아예 대화방에 들어갈 생각도 하지 않습니다."

대화방의 경우는 특히 25세 미만의 신세대들이 많이 이용한다. 이들 중에는 모두가 그런것은 아니지만 가상 부부로까지 행세를 하고, 여러 명의 남자들이 특정 여학생을 집단으로 만날 것을 요구하다가 안되니까 온갖 욕설을 올려놓는 등 주먹없는 폭력을 자행하는 경우도 있다.

한 청소년 연구 단체에서 조사한 결과에 의하면 PC통신을 이용한 청소년들 중에서 욕설, 음란, 저속한 말을 사용한 적이 있는 청소년은 14.5%나 되는 것으로 나타났다. 그 사용 이유에 대해서는 그냥 장난삼아서, 너무 화가 나서, 빨리 친해지려고, 습관적으로 사용한다 순으로 나타나고 있어 이들에 대한 PC통신 윤리에 대한 교육이 필요한 것으로 나타났다.

또한 그들만의 독특한 언어의 사용은 우리 말을 어느정도 깨우친 사람들에게는 문제가 없지만 이제 막 글을 배우는 국민학생과 중학생들에게는 나쁜 언어습관을 갖게 할 수가 있다. 특히 인간이란 얼굴을 맞대고 대화를 나누어야만 인간적인 면을 느낄 수 있는데 대화방은 그러한 인간적인 면이 결여되었다는 것이다.

이런 아이들을 위해 좋은 대화방 하나를 소개한다. 바로 하이텔에 개설되어 있는 〔곰방대와 크레용〕이다. 이곳은 아이들과 할아버지가 직접 PC통신을 통해 장기를 두기도 하고 대화를 나누기도 하는 곳으로서, 60세 이상의 노인들이 이용하는 〔원로방〕과 15세 이상의 어린이들 대상인 〔꿈동산〕을 연결한 곳이다.

이곳에서 아이들은 할아버지의 정겨운 이야기를 들을 수도 있고 어리광을 부릴 수도 있다. 특히 말 상대가 없는 할아버지, 할머니들은 말 상대가 생겨서 좋고, 그것이 인연이 되어 아이들과 노인들이 직접 만나게 되어 서로 친구가 되는 경우도 있다. 또한 〔곰방대와 크레용〕에서는 아이들이 부모에게 털어놓기 힘든 성교육과 가족, 친구문제 등을 상담을 해 주기도 하고 퀴즈를 내어 맞춘 아이들에게 선물을 보내 주기도 하는 등 훈훈한 인정이 넘치고 있어 아이들에게 적극 이용을 권할만 하다.

10. 컴퓨터 통신에 올라오는 음란정보 퇴치법

1. 컴퓨터는 집안의 가족 공용 공간에 놓고 쓴다

2. 컴퓨터 통신 서비스와 인터넷은 놀라운 기능을 가지고 있는 도구이다. 해결책은 컴퓨터를 없애 버리는 것이 아니라, 자녀와 함께 통신이나 인터넷에 참여하는 것이다. 컴퓨터를 가족이 함께 활용하도록 하자.

3. 문제가 있는 온라인 정보 서비스 제공자에게 적극적으로 항의한다. 미국의 쇼핑몰에 성인용 서점이 없듯이 대중용 컴퓨터 통신 서비스 또한 음란 정보를 취급해서는 안된다.

4. 영상물이 어떻게 컴퓨터를 통해 전달되는지, 그리고 그 영상파일은 어떤 것인지를 이해하도록 노력한다. 한가지 예를 들면 음란정보 파일은 대부분〔GIRs〕라는 확장자를 갖는다.

5. 자녀들이 컴퓨터를 통해 음란정보를 원천적으로 접하지 못하도록 지방의회 의원과 국회의원들에게 압력을 가한다. 이때 적절한 입법조치를 취할 것을 촉구하는 편지를 보내는 등의 방법을 사용한다.

—자녀와 가족 보호를 위한 국민연합(미국)—

대부분 가정에서의 컴퓨터 설치장소는 가족 모두가 사용하는 거실이 아닌 아이들 공부방이다. 즉 아이들만이 사용할 수 있는 은폐된 곳이다. 이런곳은 바람직스럽지 못하다. 자녀들이 아무런 간섭없이 혼자 마음껏 컴퓨터에서 게임을 즐길수 있는 환경을 만들어 주는 것이고, 자칫 컴퓨터를 잘못 사용할 수 있는 기회를 제공할 수 있다. 온가족이 함께 컴퓨터를 사용할 수 있는 거실로 컴퓨터를 옮겨 놓는 것이 필요하다. 거실에 놓고 가족들이 다양하게 사용하는 것만이 최선이다.

부 록

(부록 1) 시청자 단체 소개
(부록 2) 글쓰는데 도움이 된 자료들

부 록

[부 록 1] 시청자 단체 소개

서울 YMCA 시청자 시민운동본부

서울 YMCA 시청자 시민운동본부는 80년대 중반부터 활발한 시청자 운동을 펼친 국내 대표적인 시청자 운동단체이다. 현재 6개의 회원 조직에 5백여명의 옴부즈만 회원을 보유하고 있다.

주요 활동 사항은 TV 감시활동, 시청자들이 직접 뉴스를 제작하는 시청자 뉴스 제작단, PC통신을 통해 각종 방송과 관련된 불만 사항을 접수하고 처리하는 시청자 옴브즈만, 매년 2차례씩 실시하는 TV 모니터 훈련이 있다. 이밖에 시청자 워크숍과 시청일기 쓰기 캠페인을 벌이고 있고, 다른 시청자단체와 연합하여 활동을 펼치고 있다.

서울 YMCA 시청자 시민운동본부의 가장 중요한 활동인 TV 감시 활동은 주로 주부와 미혼여성으로 구성된 일반 회원 활동으로 실시되고, 회원 확보는 매년 2회에 걸쳐 실시하는 시청자 교육 훈련 프로그램을 통해 훈련생 중 계속 남아서 활동을 하고자 하는 사람들로 주축이 된다.

　한편 모니터 방법으로는 주 1회 분과별로 모여서 토론을 하고 그 결과를 보고서 형식으로 만들어 각 언론기관에 배포하여 여론을 환기시키거나, 해당 방송국의 사장, 부장, 담당 PD는 물론 방송위원회 및 시청자 위원회, 등 유관단체에 발송되어 시정을 요구한다. 또한 특별히 중요한 사안이 있을 경우는 시청자 논단과 공청회를 개최한다.

　서울 YMCA가 특별히 주목하여 활동하는 분야는 바로 교육 프로그램이다. '85년 처음으로 시작한 이래, '94년까지 15기 총 1123명이 수료하였다. 교육 프로그램은 주로 1달간

24강좌가 실시된다.

이밖에 교육 프로그램으로서 시청자 전화 자원 상담원 교육 ('93년 9월 제1회 실시 총40명 자원상담원 위촉, 2주간 총12강좌), 어린이 영상언어 지도를 위한 교사 워크숍('94년 2월 제1회 실시 초등교사 20명 수료, 2일간 총 6강좌), 시청자 TV제작교실, 텔레비전 바로보기 시민강좌('94년 12월 제1회 실시 총 20명 수료, 2주간 총 11강좌 및 실습) 등이 개설되어 있고, 교회, 학교, 사회단체, 지방 YMCA 등에서 요청이 있으면 직접 찾아가 교육을 하는 출강강좌 프로그램도 있다.

조사활동으로는 어린이 TV시청실태 설문조사, 노인층 대상의 TV프로그램에 대한 설문조사, 올림픽 종일방송에 관한 설문조사,'92년도 TV시청실태 설문조사, '93년도 봄철 프로그램 개편에 대한 시청자 의견조사, 모니터보고서 및 자료집 발간을 년 2회에 걸쳐 실시하고 있다.

서울 YWCA 방송 모니터회

서울 YWCA 방송 모니터회는 방송 모니터를 통하여 시청자 주권을 확립하고, 방송의 질적인 향상과 방송환경 개선을 도모함으로써 좋은 방송을 위한 시청자운동에 기여한다는 설립 취지를 가지고 있다.

일반인을 위한 교육은 매년 1~2회에 실시하고 있고, 교육내용은 강사들의 강의를 중심으로 방송일반과 대중매체의 효과, 뉴미디어 시대의 방송, 모니터 활동의 필요성과 간단한 모니터 실습과 토론 등으로 이루어진다.

약 12명의 회원으로 구성되어 있고, 매년 모니터 교육을 통하여 회원을 확보하고 있다. 정기적인 활동은 매주 화요일 오전에 정기모임을 갖고 어린이와 주부 대상 프로그램을 집중적으로 감시하고 있다. 모니터 결과 처리방법은 방송잡지와 일간지, 시청자비평란에 기고를 하고, 심각한 문제의 경우는 토론회와 세미나를 개최한다.

보리방송 모니터회

보리방송 모니터회는 각종 방송의 역기능을 감시하고, 바른언론 풍토의 구현을 주 목적으로 이루어진 시청자 단체이다. 16명의 모니터 요원과 약 60명의 회원이 활동하고 있으며 주로 시청자를 위한 미디어 교육과 청소년문제, 불교문제를 중점적으로 감시하고 있다. 특히 보리방송 모니터회는 불교에 대한 왜곡과 편파를 감시의 중점 대상으로 채택하고 있는 국내 유일의 불교신자 중심의 시청자 단체이다.

시청자를 위한 교육 프로그램은 일반 시민을 대상으로 연 4회 정도 강사 초청과 스터디 형식으로 실시하고 있고, 비정기적인 프로그램도 있다. 교육 내용은 방송매체에 대한 기초적인 지식에서부터, 방송과 정치경제교육, 대중문화에 대한 논의, 뉴미디어에 대한 지식, 남북한 방송교육, 어린이 청소년 문제와 방송환경, 방송 모니터 실무와 활동, 방송관련 연구조사 활동에 대한 교육, 모니터 보고서 작성에 대한 교육 등이 있다. 또한 교육을 위해 단행본 교재를 만들어 방송관련 기관이나 단체, 사찰, 교육 참가자에게 무료로 배포한다.

한편 모니터 모임은 주 1회에 실시하고 그에 따른 보고서는 수시로 발간 한다. 특히 불교적인 단체의 성격을 감안하여 방송에서의 불교 왜곡과 편파문제를 지적하고 대응해 나간다.이밖에 회지인 〈보리〉를 격월로 발간하고, 시청자불만전화(자동녹음)를 개설하는 한편 매년 보리방송문화상을 제정하여 시상하고 있다.

민주언론운동협의회 방송분과

민언협(민주언론운동협의회) 방송분과는 모니터위원회 산하에 신문분과와 방송분과로 나누어 활동하고 있다. 방송분과 모니터는 14명(보도부문 7명, 비보도부문 7명)으로 운영된다.

주 모니터 대상은 보도부문에 방송 3사의 뉴스와 비보도부분의 시사·기획 프로그램, 특집 프로그램 등이다. 모임의 운영은 주 1회 정기 모니터 및 토론 모임과, 신입 모니터 요원의 경우는 별도의 교육을 실시한다. 모니터 결과는 월단위 종합보고서를 작성하고, 사안에 따라 주단위 보고서도 작성한다.

작성된 모니터 결과는 언론사나 유관단체에 팩스나 보도자료로 전송하거나, 본회 기관지 및 선전물에 기재하거나, 대학신문사나 교지, 주·월간지에 투고 한다. 이밖에 대외 활동으로서 방송위원회 위탁 모니터를 하고 있다.

그동안 주요 활동으로서는 '92. 3 총선 '선거보도감시연대회의(선감연)' 모니터 활동을 활발히 했고, '92. 9 대선 '선거보도감시 연대회의'에서 모니터위원회 신문분과, 텔레비전방송분과, 라디오방송분과, 지역언론분과로 편성되어 활동을 했고 '공정보도·공정선거' 운동에 참여하여 74차례 모니터보고서를 작성·배포하였다.

민언협이 개설하고 있는 일반인 대상 언론교육은 언론학교와 모니터 교실 두가지가 있다. 모니터 교실은 방송현실을 국민에게 알리고 국민의 힘으로 왜곡된 방송구조를 바로 잡기 위해 실시하고 있다. 주요 내용은 한국방송의 구조와 특성, 환경변화에 대한 전망, TV 제작 구조의 이해, 방송과 여성 등이 전문가의 강의와 실습, 토론으로 진행되고 있다.

한편 일반인에게 대중매체와 언론활동에 대한 교육 기회를 제공하고, 그 과정에서 대중매체의 내용과 언론활동에 대한 비판적인 시각을 배양한다는 목적하에 언론학교를 개설하여 91년 1기 교육을 실시한 이후 매년 3~4회에 걸쳐 개설하고 있다.

구체적인 내용은 현대사회와 언론, 한국언론사, 정부의 언론정책, 신문과 방송과 제작구조의 이해 등이 있다. 언론학교 수료생들은 희망자에 한하여 계속 민언협 회원으로 활동할 수 있다.

바른언론을 위한 시민연합

바른언론은 공동대표 9~11인으로 구성되어 있다. 집행위원회는 상임집행위원장, 집행위원, 언론연구소 소장, 각 위원장(특별위원회, 분과위원회, 정책위원회, 교육홍보위원회, 언론불만처리 상담소)으로 구성된다. 다시 사무처는 총무국, 지역사업국, 교육홍보국, 인쇄매체국, 영상매체국으로 나누고, 부천 등 24개 지역에 시민연합조직이 구성되어 가동 중에 있다. 구체적인 운영은 언론피해 구제활동과 포괄적·범시민적 언론감시 활동, 언론개혁을 위한 시민운동의 연합적 기반조성을 목표로 하고 있고, '바른언론'이라는 신문을 발행하고 있다.

한국소비자연맹 방송분과위원회

한국소비자연맹 방송분과위원회는 38명의 모니터 요원과, 소비자대학 내의 10개 모니터분과위원회중 방송분과위원회로 구성되어 있다. 또한 필요시 3백 여명의 각 분과위원들이 공동으로 활동한다. 주로 감시활동을 펼치는 분야는 공정보도와 방송프로그램의 내용, 질적수준에 대한 평가를 하고 있고, 과대, 과장, 허위광고 감시 및 고발을 서울을 비롯한 부산, 대구, 인천, 춘천, 목포, 의정부 지부에서 접수 받고 있다.

구체적인 운영은 주 1회 소비자대학을 실시하고, 분과별 자체교육을 수시로 실시한다. 그동안 활동실적으로 TV뉴스

프로그램의 선거방송모니터를 실시('92.12~'93. 3)하여 흡
연탤런트를 선정, 매년 '세계금연의 날(5.31)'에 발표하여
흡연에 대한 경각심을 높였고, 드라마 감시로서 연기자의 언
어와 태도에 대한 모니터를 실시했다.

참교육올 위한 전국학부모회 교육 모니터 모임

참교육을 위한 전국학부모회 교육 모니터 모임은 독립적으
로 5명이 구성된 모니터 팀을 운영하고 있다. 주로 학부모권
리찾기운동(돈봉투 없애기 운동 등), 학부모대상 교육강좌
(부모역할 훈련, 교육모니터 강좌), 출판 및 홍보활동, 상담
활동, 어린이 · 청소년 사업 등을 펼치고 있다.

이를 구체적으로 살펴보면 '93년 제1기 교육모니터교실을
개최하였고, '94년 제2기 교육모니터교실 개최(방송제도개
혁을 위한 '방송개혁국민회의' 연대)하였다. 또한 '94년 6월
29일 지자제선거 방송모니터, 교육방송 살리기운동, '95년
제3기 교육모니터요원 양성 강좌를 실시하였다.

기독교윤리실천운동 모니터 모임

　기독교윤리실천운동 모니터 모임은 6개의 모니터 모임(월요모임, 화요모임, 목요모임, 토요모임, 여성모임, 교사모임)으로 구성되어있다. 그동안 스포츠 신문의 음란, 폭력적인 만화와 소설을 모니터하여 항의하는 등 음란화 추방운동을 활발히 전개했다. 95년도는 케이블TV의 개국에 대비하여 각 방송사의 시청률 경쟁과 함께 프로그램의 저질화를 막기위해 음란추방운동을 확대 실시한바 있다.

　기독교윤리실천운동모니터 모임은 여성모니터 모임과 청년 모니터 모임으로 나누어 운영하고 있다. 여성 모니터 모임은 주부와 각 교회의 여전도회 회원을 중심으로 운영하고 있고, 청년 모니터 모임은 미혼 청년을 대상으로 하고 있다. 이들은 매주 모임을 갖고 특정 프로그램에 대한 주제발표와 토론을 거쳐 보고서를 작성하고 있다.

　또한 '94년부터는 TV모니터운동을 본격적으로 시작하여, '95년부터 문화소비자운동 전개, 각 분야 전문가회원들을 중심으로 '문화전략회의'를 구성하여 활발한 활동을 펼쳤다.

흥사단 부설 청소년연구원 유해환경고발센터

흥사단 부설 청소년연구원 유해환경고발센터는 청소년들의 일탈행위를 일으키는 각종 유해환경을 조사, 연구하고 그 대안을 제시하는 취지로 발족된 고발센터로서 텔레비전이 청소년들에게 유해한 환경을 조성한다는 판단아래 내용을 감시하고, 올바른 방향을 제시하고 있다.

조직의 구성은 원장을 중심으로 연구실, 상담실, 문화실, 기획행정실, 상담실, 유해환경고발센터를 운영하고 있고, 주요 활동으로는 청소년 문화환경실태 조사, 청소년 문화환경 캠페인 전개, 각 영역별 상담실시, 집단상담 프로그램 개발, 아 · 태지역 청소년 문화정보센터 개설 준비 및 운영, 국제 이해를 위한 청소년 교육 프로그램 진행, 유해환경 고발 및 접수, 대중매체에 대한 모니터 활동, 청소년 비행 예방 프로그램을 운영하고 있고 TV모니터 교육도 실시하고 있다.

모니터교육은 일반인을 대상으로 실시하고 있고, 방송일반과 대중매체에 대한 영향, 미디어 환경이 청소년에게 미치는 영향, 현재 방송되는 TV의 청소년 프로그램 문제점과 간단한 모니터 실습, 효율적인 매체의 활용방안으로 구성되어 있다.

한국여성단체협의회 매스컴 모니터회

여협(여성단체협의회)은 년 1회 모니터 요원 모집 및 교육을 실시하여 인원을 조달하고 있다. 주로 여성문제에 관심이 많은 대졸 이상의 여성으로 구성된다. 약 15명의 인원으로 운용되고 있다.

모니터의 주관심 대상은 매스컴에 나타난 여성상의 분석을 통해 여성에 대한 편견, 남녀차별, 고정관념, 남아선호사상 등을 감시하고, 긍정적이고 건강한 여성상을 구하기 위해 프로그램 내용의 언어, 배역, 기타 표현상의 문제를 모니터하고 있다. 또한 과소비조장, 퇴폐문화, 청소년문제, 국민적 감정 손상 등도 감시활동에 포함된다.

주요 활동사항으로는 모니터 교육을 실시하고, 월례모임, 시기에 따라서 세미나 혹은 간담회를 갖는다. 주요활동으로는 1984년 11월 1일 제1기 모니터 교육을 시작으로 매년 30여명을 대상으로 모니터 교육을 실시하고 있고, 다양한 주제의 매스컴 모니터 세미나를 개최하였다. 또한 방송연기자와 시청자의 만남 - 좋은드라마를 위한 간담회('93.3), 매스컴 모니터 워크숍('93.5)을 실시하기도 했다.

한국여성민우회 바른 언론을 지키는 모임

여성민우회는 언론의 민주화를 위해 언론 수용자 운동의 시급함을 인식하고 매체 교육과 모니터 활동을 지속적으로 전개하고 있다. 20~40대의 주부 6명으로 구성되어 있고, 주로 여성문제, 어린이 청소년 교육문제를 중점적으로 감시하고 있다. 주 1회 모임을 갖고 함께 토론의 시간을 갖고 있다.

주요활동으로서는 92년 「선거보도감시 연대회의」에 참여했고, 대선기간 동안 선거관련 모니터를 실시했다. 또한 프로그램 개편에 대한 모니터 결과 보고서를 발표하였고, 프로그램 평가 및 시청자 의견제시, 모니터 교육을 실시하였다.

모니터 교육은 1991년 1기 교육을 시작한 이래 년 1회에 걸쳐 실시하고 있다. 주요 교육 내용은 모니터의 필요성, 여성의식과 방송 프로그램, 다매체 방송시대의 시청자 역할 등을 주제로 전문가의 강의를 듣고 방송영상의 왜곡된 모습과 어린이와 청소년에게 미치는 영향 등을 집중적으로 살펴보고 있다. 또한 방송 프로그램을 보도 프로그램과 교양, 오락의 비보도 프로그램으로 나누어 모니터 실습 및 활동을 펼치고 있다. 모니터 교육을 마친 후 지원자에 한하여 모니터 요원으로 계속 활동할 수 있는 자격이 부여되고, 잡지 등에 모니터 결과물을 싣고 있다.

시청자 모니터 단체 연락처

단체명	주소	실무자	전화/FAX
서울 YMCA 시청자 시민운동 본부	서울시 종로구 종로2가 9번지	백미숙 간사	TEL. 737-0061 FAX. 737-0063
서울 YWCA 방송모니터회	서울시 중구 명동1가 1-1	강민아 간사	TEL. 779-7561 FAX. 774-8984
보리방송 모니터회	서울시 마포구 마포동 금성빌라 201	임사용 간사	TEL. 712-5813 FAX. 712-5812
민주언론운동 협의회 방송분과	서울시 마포구 연남동 372-4 연세맨션 라동 101호	신미희 간사	TEL. 326-1252 FAX. 326-1255
바른언론을 위한 시민모임	서울시 종로구 사간동 101 번지	김진만 간사	TEL. 734-4100 FAX. 734-9241
한국소비자연맹 방송분과위원회	서울시 용산구 한남동 272-1	은지현 간사	TEL. 795-1042 FAX. 798-6561
참교육을 위한 학부모회교육 모니터모임	서울시 영등포구 당산동 6가 314번지 당산빌딩 301호	홍수영 간사	TEL. 634-6508 FAX. 634-4359
기독교윤리실천운동 모니터모임	서울시 관악구 관악우체국 사서함 199호	권장희 정책실장	TEL. 871-7487 FAX. 883-2177
흥사단 청소년연구회	서울시 종로구 동숭동 1-28	김하정 간사	TEL. 763-0441 FAX. 743-2515
카톨릭매스컴위원회	광진구 능동 85-12	전영란 간사	TEL. 466-7918 FAX. 465-1718
한국여성단체 협의회 매스컴 모니터회	서울시 용산구 한강로3가 40-427	오혜란 부장	TEL. 793-5196 FAX. 796-4995
한국여성민우회 바른 언론을 지키는 모임	서울시 중구 장충동1가 38 여성평화의 집	조정하 홍보부장	TEL. 269-5763 FAX. 269-5766
방송개혁 국민회의	서울시 영등포구 여의도동 44-27 하남빌딩 805호	엄민형 정책실장	TEL. 784-9137 FAX. 785-1372

[부 록 2] 글쓰는 데 도움이 된 자료들

- 시청자 교육강좌
        (김기태, 동아방송전문대 교수, EBS 사보 연재물)
- 텔레비전 시청교육
        (여성 매스컴 연구회, 방송문화 연재물)
- TV 공부방
        (안정임, 순신대 신문방송학과 교수, 방송과 시청자, 연재물)
- 숨어서 보는 비디오
        (씨네 21, 95년 17일자 발행)
- 사회세태 '아니.비디오방이 포르노방이네'
        (뉴스메이커, 통권 15호)
- 컴퓨터 음란정보 이렇게 막는다
        (조선일보, 95년 8월 4일자)
- 정보사회, 역기능과 정보통신윤리
        (정보문화, 1995년 7. 8월호)
- 뉴미디어 시대 영상교육의 필요성
        (정근원, 저널리즘 리뷰, 1995년)
- 어린이, 여성 그리고 가정
        (원용진, 서강대 방송아카데미 교수부장,
        신문과 방송 1995년 11월호)
- 국교생 어떤 선물 좋아하나

(동아일보, 95년 4월 27일자)
- 각종 전자파에 의한 인체의 노출:역학조사를 위한 전자파 측정
     (김덕원, 연세대 의용전자공학과 교수, 1995년)
- 홈비디오 수용성과 이용실태에 관한 조사연구
     (전석호, 중앙대 신문방송학과 교수, 1990년)
- 텔레비전 어린이 프로그램이 어린이 정서 및 인지구조에 미치는 영향
     (윤희중, 이화여대 신문방송학과 교수)
- 방송과 청소년 문화, 텔레비전이 청소년에게 미치는 영향
     (윤희중, 이화여대 신문방송학과 교수)
- 한국 텔레비전 방송과 어린이에 대한 연구
     (윤희중, 이화여대 신문방송학과 교수)
- 가족간의 공감대 형성과 방송의 역할
     (윤희중, 이화여대 신문방송학과 교수, 방송연구, 85년 겨울호)
- 한국 청소년과 어린이의 뉴미디어 이용행위 및 이의 문제점 연구
     (윤희중, 이화여대 신문방송학과 교수)
- TV 광고가 어린이 및 청소년에게 미치는 영향에 관한 연구
     (윤희중, 이화여대 신문방송학과 교수, 광고연구 1991년 봄호)
- 좋은 가정을 위한 시청자 교육
     (김기태, 동아방송전문대 교수, 방송개발, 방송개발원 1994년)
- FCC와 어린이용 상품관련 프로그램
     (데일 쿤켈, 방송연구 1989년 여름호)
- 텔레비전 수용행태와 미래 한국방송에 대한 시청자 의식조사
     (한국방송개발원, 94년 4월)
- 우리나라 어린이 텔레비전 광고의 문제
     (이혜갑, 한국방송광고공사 광고연구소 연구위원, 방송연구

1991, 겨울호)
● 비판적 텔레비전 시청 교육 과정에 관한 연구
　　　　(최선렬, 이화여대 신문방송학과 교수, 신문학보 제24호,
　　　　1989년)
● 영상매체가 청소년에게 미치는 영향
　　　　(이영자, 카톨릭대학 사회학과 교수, 국내 비디오산업 발전을
　　　　위한 세미나 자료집, 95년 9월)
● 인간 성장에 있어서의 텔레비전의 역할
　　　　(호세 데 베라, 일본 동경 상지대교수)
● 텔레비전 중독에 관한 연구
　　　　(김동규, 안정임, 1995년 방송학회 가을 학술대회 자료집)
● 텔레비전 폭력물이 아동의 폭력성향에 미치는 영향연구
　　　　(최선렬, 이화여대 신문방송학과 교수, 방송위원회,
　　　　방송조사연구보고서, 제22집, 1991년 3월)
● 건강한 사회와 방송
　　　　(방송위원회 '94 방송인 세미나 종합보고서, 94년 12월)
● 어린이 · 청소년과 방송
　　　　(방송위원회, 1994년)
● '94 시청자 불만처리 보고서
　　　　(방송위원회, 1994년)
● 텔레비전이 청소년과 아동에 미치는 영향
　　　　(이강수, 한양대 신문방송학교수, 방송연구 93년 여름호)
● 방송이 청소년에 미치는 영향
　　　　(윤상철, 방송연구 1984년 여름호)
● 방송광고가 어린이 · 청소년에 미치는 영향

(유태영, 이화여대 시청각교육과 교수, 83년 방송연구 겨울호)
● 어린이 청소년관련 방송심의 사례연구
　　　(유종원, 전남대 신문방송학과 교수,
　　　청소년과 방송 언론연구원 발행)
● 어린이를 위한 텔레비전 시청지도
　　　(서성옥, 서울 둔촌초등학교 교장, 방송연구 1987년 봄호)
● 컴퓨터와 청소년문화
　　　(김옥순, 한국청소년문화연구원, 1993년)
● 정보사회론
　　　(전석호, 중앙대 신문방송학과 교수, 나남)
● TV 무용론
　　　(제리 맨더, 최창섭역, 도서출판 문장, 1983년)
● 어린이와 텔레비전 환경
　　　(남명자, 나남, 1996년)
● 정보화시대의 어린이, 어린이 문화
　　　(김재은, 이화여대 교육심리학과 교수, 집문당 1996년)
● TV의 반역
　　　(강준만, 전남대 신문방송학과 교수, 장백, 1993년)
● 스타의 사회학
　　　(강준만, 전남대 신문방송학과 교수, 아침 1992년)
● 커뮤니케이션과 가족
　　　(이은미 방송위원회 선임연구원, 성균관대 출판부
　　　수선사회과학신서, 1995년 5월)
● 대중문화의 겉과 속
　　　(강준만, 한샘미네르바)

- 유치원 아동의 VTR 시청과 공격성과의 관계
  - (양영희, 연세대 교육대학원 석사논문. 1992년 6월)
- 어린이의 텔레비전 시청실태 및 효과분석
  - (배 건 석사논문, 전남대 교육대학원, 1992년 2월)
- 텔레비전 프로그램에 대한 어린이들의 인식된 현실성 연구
  - (송윤숙 석사논문, 이화여대 신문방송학과, 1993년)
- 텔레비전 중독의 실태와 인과적 분석
  - (김기령, 이화여대 신문방송학과 석사논문, 1992년)
- 비디오게임이 어린이의 공격성에 미치는 영향에 관한 연구
  - (이동우, 중앙대 신문방송학과 석사논문. 1993년 12월)
- 텔레비전 모니터 교육과정 자료집
  - (서울 YMCA, 1995년)
- 시민사회발전을 위한 시청자 운동과 뉴미디어
  - (서울 YMCA, 1995년)
- 텔레비전 모니터 종합보고서
  - (서울 YMCA 1995년)
- 1994년 여름방학동안 어린이들의 비디오 시청실태 조사
  - (서울 YMCA 건비연)
- 건비연 활동보고서
  - (서울 YMCA, 1994년 12월 26일)
- 신종영상매체의 청소년 보호와 시민운동의 중요성
  - (서울 YMCA 건비연 세미나 자료, 1995년 9월 26일)
- PC통신이 청소년 언어생활에 미치는 영향
  - (서울 YWCA 청소년유해환경감시단 보고서 7,
  - 1994년 11월 16일)

- 컴퓨터 게임, 폭력성, 선정성 심각하다
    (서울 YWCA 청소년유해환경감시단 세미나 자료,
    1995년 8월 28일)
- Taking Charge of your TV – A Guide to Critical Viewing for parents and Children
    (미국 NCTA와 PTA 합동연구)

필자들의 직함은 집필 당시를 기준으로 함.

□ 저자 소개

김 병 록(34세. 월간『뉴미디어 저널』기자)
 · 경희대학교 서반아어과 졸업
 · 경희대 신문방송대학원 방송 전공 석사
 · YMCA 시청자운동본부 및 건비연 활동(89~91년)
 · 90년부터 93년까지 방송전문 자유기고가로 활동
   (고정기고잡지 :『방송과 시청자』,『SBS 매거진』등)
 · 93년 4월, 종합유선방송위원회 입사하여 월간『케이
   블TV』창간이후 현재까지 월간『뉴미디어 저널』
   (전『케이블TV』) 기자로 재직중.

J+B+M+P Series 101
TV에 중독된 내아이 어떻게 가르칠까

초판 인쇄   1996년 6월 10일
초판 발행   1996년 6월 15일

저 자   김 병 록

발행인   한 정 희

발행처 경 인 문 화 사
121 - 070 서울 · 마포구 용강동 494-15
☎ 718-4831,   FAX. 703-9711
등록 제10-18호, 1973. 11. 8

□ 저자와 협의 아래 인지 생략.   정가 7,500원